Kindler
Taschenbücher

Geist und Psyche

Pränatale Psychologie

Die Erforschung vorgeburtlicher Wahrnehmungen und Empfindungen

Herausgegeben von
Gustav Hans Graber

Kindler
Taschenbücher

Die Vorträge wurden bei der 2. Tagung der Internationalen Studiengemeinschaft für Pränatale Psychologie (ISPP) vom 18. bis 20. Juli 1973 in Paris gehalten.
Den Beitrag von Garma übertrug der Autor, den von Rascovsky übertrugen S. Blarer und G. H. Graber aus dem Spanischen. Die Beiträge der Genfer Burger-Piaget und Sarkissoff übertrug A. Knebel aus dem Französischen. Lietaerd Peerboltes Beitrag übertrug U. Keller aus dem Holländischen.

Originalausgabe

Redaktion: W. Keienburg
Korrekturen: M. Bergholz
Gesamtherstellung: Friedrich Pustet, Regensburg
Printed in Germany 1974
ISBN 3 463 18123 1

INHALT

Vorwort

Pränatale Psychologie ist einer der jüngsten Zweige der Tiefenpsychologie. Ihre Vertreter haben sich im Sommer 1971 zur »Internationalen Studiengemeinschaft für pränatale Psychologie« (ISPP) zusammengeschlossen und im darauffolgenden Jahr in Freiburg i/Br. ihre erste Tagung abgehalten. Sie galt vor allem der Grundlagenforschung über pränatales (vorgeburtliches) Seelenleben. (Die Referate erschienen Ende 1973 unter dem Titel *Vorgeburtliches Seelenleben.*)

In vorliegendem Band sind die Vorträge der zweiten Tagung, die im Juli 1973 in Paris stattfand, veröffentlicht.

Es war das Anliegen der Pariser Tagung, die Vorstellungen und Untersuchungen über Geburtstrauma, vorgeburtliches Seelenleben und deren Einfluß auf das nachgeburtliche Dasein *kasuistisch* zu vertiefen. Immer wieder erscheinen Publikationen, in denen die Ansicht vertreten wird, die ISPP sei eine begrüßenswerte Institution, die jedoch noch nicht über Beweise eines vorgeburtlichen Seelenlebens verfüge. Es war an der Pariser Tagung nicht Aufgabe, diese vollkommen falsche Meinung zu widerlegen – denn sie ist längstens widerlegt –, aber der Kongreß sollte den Teilnehmern und der interessierten Mitwelt neue Akzente in der fortschreitenden empirischen Erforschung des Geburtstraumas (Geburtsschock) und der pränatalen Psyche vermitteln. Wir wissen heute, daß das Nachgeburtlich-Seelische vorgeburtlich antizipiert (dispositionell vorweggenommen) ist. Wir haben längstens Beweise dafür, daß das noch ungeborene Kind *wahrnimmt.* Es hört, sieht, schmeckt und ist tastempfindlich. Und *Wahrnehmungen sind seelische Phänomene.*

Aus Übersee sprach als erster der Präsident der »Argentinischen Gesellschaft für Psychoanalyse«, Dr. Angel Garma über Träume, in denen »leuchtende Inhalte« erscheinen, die das Erlebnis der Blendung des Neugeborenen symbolisieren. Der Kollege, Dr. Arnaldo Rascovsky, versuchte seinen Hörern die sehr komplizierten vorgeburtlichen seelischen Entwicklungen und Beziehungen zum Leiblichen, dem primitiven Objekt und dem Ich als Doppel des Es verständlich zu machen. Aus ihrer psychoanalytisch-pränatal fundierten Praxis vermittelte sodann MARTHE BURGER-PIAGET klinische Beobachtungen über pränatale Regressionen, belegt an Hand von Träumen und Verhaltensweisen einiger ihrer Patienten, die Total-Regressionen mit Suizidvorstellungen verbanden.

Ein großer Teil der Referate galt den *Beziehungen zwischen Sozial- und Pränatalpsychologie.*

Man ist allgemein eher geneigt, eine scharfe Trennung zwischen den beiden psychologischen Forschungsrichtungen zu schaffen. In Wirklichkeit bestehen aber sehr enge Verbindungen, die am Pariser Kongreß weitgehend erstmals aufgezeigt werden konnten.

So fand u. a. das Referat von Dr. GÜNTER AMMON über *Vorgeburtliche Phantasien und Träume im gruppenanalytischen Prozeß* besondere Beachtung. Die Gruppe wird unbewußt vom einzelnen meist als eine Art schützender und bergender Mutterleib erlebt – also als sozialer Ort der Zuflucht, der aber im Verlauf der gruppen-psychotherapeutischen Entwicklung auch das Wachstum einer neuen, gesunden Ich-erfahrung ermöglicht.

Eine verwandte Beziehung pränataler und sozialer Gegebenheit stellte GERHARD ROTTMANN mit Belegen umfangreicher statistischer Untersuchungen in einer anderen Gruppe – nämlich der Familie – dar. Die Tatsache der Schwangerschaft der Mutter verändert das Milieu. Sehr eindrücklich schilderte Rottmann vor allem seine statistischen Erhebungen verschiedener Einstellungen der Mutter zum ungeborenen Kind.

Mit einem völlig anderen Milieu beschäftigt sich Dr. WALTER HAESLER, der bei reicher Erfahrung mit Strafgefangenen in der Anstalt nachweisen konnte, daß auch sie als Ort der Geborgenheit, der kostenlosen Ernährung, der Ordnung und der Zuflucht als regressiv unbewußt mit dem Mutterleib symbolisch identisch erlebt wird.

Für Verhältnisse in Deutschland besonders einschlägig waren die Untersuchungen, die ELISABETH HAU über *Prä- und perinatale Milieufaktoren als Ursachen für die Beunruhigung der Nachkriegsgeneration* vortrug.

Den Pariser Kongreß beschlossen kürzere Mitteilungen von

Prof. Dr. WALTHER SIMON über pränatales Hören, von Dr. LIETAERD PEERBOLTE über *Träume, die sich auf die Empfängnissituation beziehen,* von Dr. BLANCHE OLSCHAK über *Bewußtwerdung unbewußter Inhalte in der fernöstlichen Psychologie* und von Dr. JEAN SARKISSOFF über *Die Nutzung der fötalen mütterlichen Stimme in der Psychotherapie.*

Gustav Hans Graber

Fötale Psychismen, Geburtstrauma und Totalregression

Angel Garma

Das Fötale Seelenleben und das Geburtstrauma im Ursprung aller Träume

Die leuchtenden manifesten Inhalte der Träume symbolisieren das Erlebnis der Blendung bei der Geburt.
Durch die Feststellung, daß in vielen Sprachen für den Geburtsakt Ausdrücke mit »Licht« verwendet werden (z. B. spanisch: *dar a luz:* ans Licht bringen), ferner durch die psychoanalytische Erforschung von Träumen, deren latenter Inhalt die Geburt und deren manifester Inhalt leuchtende, oft blendende Elemente darstellt, und auch durch die Beobachtung der funkelnden Skotome bei Migränepatienten (die ich hier nicht weiter erläutern kann), kam ich zur Schlußfolgerung, daß *jedes Individuum bei der Geburt eine Blendung erlebt,* da ihm die Wahrnehmung des Raumlichtes im fötalen Zustand unbekannt war. Das Erlebnis der Blendung scheint eine konstante Komponente des Geburtstraumas zu bilden. Es hinterläßt unbewußte Erinnerungen, die reaktiviert werden, wenn das Individuum in Zustände gelangt, die es die Geburt wiedererleben lassen.

Das Erlebnis der Blendung bei der Geburt wird oft mit der Begründung geleugnet, daß zu diesem Zeitpunkt noch keine Wahrnehmungsfähigkeit vorhanden sei. Das entspricht aber nicht den Ergebnissen der Forschung. Als Beleg dafür zitiere ich einen Ausschnitt aus einem Buch über die Psychologie des Säuglings: »Die Sehnerven werden erst nach der Geburt von Markscheiden umhüllt, gleich wie die sensiblen und sensorischen Hirnnerven. Jedoch soll dies nicht unbedingt eine Funktionsfähigkeit ausschließen. Empfindungen für hell und dunkel sind vorhanden. Bei mildem Licht bleiben die Augen geöffnet, bei starkem Licht werden sie geschlossen.« (Aengenendt, 1954)

Einige Träume, die ich als typisch betrachte, habe ich in zwei früheren Studien beschrieben (Garma, 1969, S. 439; und 1970, S. 89). Alle hatten einen latenten Geburtsinhalt. Im manifesten Inhalt zeigten sich glänzend-leuchtende Details. Dieser Glanz symbolisiert das Erlebnis der Blendung des Neugeborenen bei der ersten Wahrnehmung des Raumlichtes.

In einem dieser Träume zeigte sich »ein Podium, mit leuchtenden Zeichnungen dekoriert«. Es war der Traum eines Analysanden, der dachte, sein analytischer Fortschritt führe ihn dazu, sich von seinen Eltern zu trennen, was von ihm regressiv als Geborenwerden erlebt wurde. Die Analyse des Traumes begann er, indem er mit erstauntem Ausdruck sagte, daß eine intensive Sonne in meinem Behandlungszimmer scheine. Gleich danach fragte er mich, ob ich geweint habe, weil er etwas Seltsames in meinem Gesicht bemerkte.

Im Verlauf der Sitzung offenbarte sich der Traum so, als hätte er das Geborenwerden zum latenten Inhalt. Die zu Beginn erwähnten Kommentare des Analysanden konnten mit Hilfe seiner Assoziationen als eine Projektion auf mich gedeutet werden. Er fühlte sich selbst wie ein neugeborenes Kind und war darum weinerlich und vom Licht geblendet. Das leuchtende Detail des Traumes symbolisierte das Erlebnis der Blendung bei der Geburt. Außerdem drückte es auch symbolisch aus, daß dieser Analysand sich von all den Möglichkeiten des Wohlergehens, die ihm sein analytischer Fortschritt bot, »geblendet fühlte«. Ich werde jetzt drei ähnliche Träume eingehender behandeln. Alle drei stammen von Analysanden, die den analytischen Fortschritt so empfanden, »als wären sie neu geboren«. Diesen Ausdruck hat auch FREUD in der Deutung eines solchen Traumes verwendet.

Ich werde mit dem Traum einer Frau, den FREUD erzählt hat, beginnen (FREUD, 1900, S. 405):

1. »In ihrem Sommeraufenthalt am . . . See stürzt sie sich ins dunkle Wasser, dort, wo sich *der blasse Mond im Wasser spiegelt*« (von mir hervorgehoben).

Nach FREUDS Deutung ist der latente Inhalt des Traumes eine Geburtsphantasie. Mit diesem besonderen Inhalt drückt die träumende Frau ihre Genugtuung aus über den Erfolg der Kur, die sie – nach ihrer Meinung – hat »wie neu geboren werden lassen«. ». . . sich ins Wasser stürzen . . . ist geboren worden.« »Der blasse Mond ist dann der weiße Popo, aus dem das Kind hergekommen sein soll, wie sie bald errät«, deutet FREUD. Der

Mond symbolisiert also den Mutterleib. Der leuchtende Inhalt dieses Traumes, dargestellt durch den Mond, der sich im dunklen Wasser spiegelt, bedeutet nach meiner Meinung – aufgrund des Studiums solcher Träume – die Reaktivierung der unbewußten Erinnerung an die Blendung bei der Geburt.

2. »Ich sitze im Kino ›Opera‹. An der Decke sind Sterne vorhanden. *Diese strahlen Licht aus* und verwandeln sich in angreifende Flugzeuge.«

Dieser Traum wurde mir von DIANA TURJANSKY mitgeteilt. Darin ist das Erlebnis der Blendung bei der Geburt durch das Licht, das die Sterne an der Kinodecke ausstrahlen, symbolisiert. (Die Decke ist in Wirklichkeit auch mit Sternen dekoriert).

Während des Traumes verwandeln sich die Lichter in angreifende Flugzeuge. Letztere wären nach der Meinung der Analytikerin phallische Symbole.

Dies war der Traum einer gehemmten Frau, die zu dieser Zeit in einer erotischen Übertragung zu ihrer Analytikerin stand. Weil ihre Behandlung Fortschritte machte, fühlte sich die Patientin wie »wiedergeboren« durch ihre affektive Beziehung zur Analytikerin. Das erlebte sie im Traum in Form von »Lichter sehen«, was die Geburt symbolisierte: d. h. »ans Licht gebracht werden«. Wie es der Traum symbolisch ausdrückt, erlaubt ihr der Fortschritt, geboren zu werden, dann ihre Genitalität zu erlangen. Deshalb fühlt sie sich am Ende des manifesten Traumes von Flugzeugen angegriffen: Symbole der männlichen Genitalien, welche ihr noch immer Angst einflößen.

3. »Ich sehe einen fliegenden Teller kommen *mit einem glänzenden Licht, das blendet.* Aus diesem steigt ein Mann aus, der vorausgeht. Hinter ihm folgen einige andere. Ich habe Angst und sexuelle Wünsche diesem Mann gegenüber. Er sagt ein Wort in seiner Sprache, welches ›essen wollen‹ bedeutet. Ich verstehe, daß ich ihm zu essen geben muß, um ihn zu besänftigen. Ich renne zum Laden meines Vaters, um Speisen zu holen. Ich war klein.«

Dieser Traum wurde mir von H. RUSH mitgeteilt. Er stammte von einer Frau mit Konflikten zwischen Genital- und Nahrungswünschen, welche sie verwirrten. Zum strahlenden Licht assoziierte die Frau, daß sie in der Wiege als Kind von ihrer Mutter in erstickender Weise fest mit Kleidern und Decken eingehüllt worden sei, so daß sie schwer auffindbar gewesen sei. Wenn sie sich in den analytischen Sitzungen auf diese Befreiung aus den Kleidern und Decken der Wiege bezog, symbolisierte sie es mit einer Befreiung aus einem Kerker, aus einer Gebärmutter, mit Geborenwerden, um sich dann zu einem guten genitalen Verhalten weiter entwickeln zu können.

Dieses Geborenwerden ist im Traum durch das Aussteigen aus dem fliegenden Teller symbolisiert. Das strahlend blendende Licht deutet auf das Erlebnis der Blendung des Neugeborenen. Daß dieses Licht als »blendend« bezeichnet wird, weist deutlich darauf hin, daß es sich um ein Erlebnis der Blendung handelt. Auf einer höheren Stufe fühlt sich die Patientin auch von der genitalen Möglichkeit, die sie in der Behandlung neu entdeckt hat, »geblendet«.

Das Essen im Traum ist eine Verschiebung des genitalen Verkehrs, welcher für die Patientin etwas Beängstigendes an sich hat. Den gleichen Vorgang erkennen wir im vorhergehenden Traum, in welchem sich die Lichter der Kinodecke in phallisch angreifende Flugzeuge verwandeln. Die genitalen Wünsche und Ängste stammen aus ödipalen Motiven. Darum ging die Frau im Traum mit dem fliegenden Teller in den Laden des Vaters, um Nahrung zu suchen. Zudem »war sie klein«.

Auch Kruse (1969, S. 114–121) hat Träume mit latentem Geburtsinhalt beschrieben, in welchen das Erlebnis der Blendung beim Geborenwerden deutlich erscheint. So enden z. B. zwei Träume folgendermaßen: »Ich bekam solche Sorgen um meine Mutter, daß ich rausging, schnell raus . . . Draußen wurde ich beinahe blind durch das grelle Licht« – »Ich werde mit ungeheurer Gewalt zum Ausgang der Höhle gegen einen engen Felsspalt gedrängt . . . Draußen ist grelles Licht, und es ist sehr kalt.«

Der Lichtschirm des Traumes entstammt einer Regression in den fötalen, intrauterinen Zustand

Nach B. D. Lewin ist ein konstanter Bestandteil aller Träume das, was er als »Lichtschirm des Traumes« bezeichnet. Es handelt sich um eine Fläche, die gewöhnlich nicht bewußt wahrgenommen wird, welche aber die Grundlage für die Träume bildet, auf welche der manifeste Trauminhalt projiziert wird.

B. D. LEWIN hat oft betont, daß dieser Lichtschirm eine Fläche bilde. Die Begründung dafür sieht er darin, daß sie ihren Ursprung in der Reaktivierung der Erinnerung an die Mutterbrust hat. Diese Mutterbrust werde beim Saugen flach wahrgenommen. Der Säugling sehe sie flach, wie wir die Erdoberfläche flach sehen, wegen der Größendimensionen.

Viele Beobachtungen LEWINS erwecken Zweifel, besonders in bezug auf die Annahme, daß der Lichtschirm des Traumes den Ursprung in der Vorstellung einer flachen Brust habe. Man wäre eher geneigt anzunehmen, daß sie der fötalen Regression in den intrauterinen Zustand entstammt, was im Schlaf geschieht. ARNALDO RASCOVSKY (1960) hat oft die Ansicht vertreten, daß der Lichtschirm des Traumes von der Fötalregression herrühre.

LEWIN verbindet den Lichtschirm oft mit dem Zustand des Schlafes, d. h. mit der fötalen Regression. In einem Brief schreibt er: ». . . und wenn der Lichtschirm des Traumes *schlafen* bedeutet (von LEWIN unterstrichen), so würde es sich um eine Art funktionelles Phänomen handeln, das dem Schlafenden sagt, daß er schläft. Eigentlich sagt es das nicht nur, sondern besteht heftig darauf: »Aber du schläfst doch!« LEWIN ist auch der Meinung, daß das träumende Individuum sich mit der Brust identifiziert, sich selbst aufißt und im Lichtschirm des Traumes versinkt. Das heißt: Wenn der Lichtschirm das Individuum enthält, funktioniert er eher als Gebärmutter, denn als Brust. LEWIN meint, daß der Lichtschirm ein Teil des Isakower-Phänomens sei. Dieses besteht aus unförmigen Massen, Wolken oder Kreisen, die den Schlafenden einhüllen und ihm auch im Munde Empfindungen hervorrufen. Sich von etwas eingehüllt fühlen, bedeutet eine Regression in den fötalen Zustand. Im Zusammenhang mit dem Lichtschirm hat LEWIN auch weiße oder leere Träume (*blank dreams*) beschrieben, die keinen visuellen Inhalt haben. Sie bedeuten nach seiner Meinung völlige Befriedigung des Wunsches, an der Mutterbrust zu schlafen, nachdem das Individuum gesaugt hat. Aber schläft jemand an der Mutterbrust? Nein, sondern im Uterus, der durch das Bett repräsentiert wird.

Alle vorherigen Folgerungen, die auf Äußerungen LEWINS fußen, führen dazu, den Lichtschirm des Traumes als Ausdruck einer Regression des Individuums in den fötalen, intrauterinen Zustand zu betrachten, also in einen Zustand, welcher der Säugezeit an der Mutterbrust vorausgeht.

Der Traum mit der Kinodecke scheint dies zu bestätigen. Darin bildet die Kinodecke einen Lichtschirm. Die Frau befindet sich zuerst im dunklen Kino, in dem die Decke noch nicht beleuchtet ist. Diese Decke (Lichtschirm) symbolisiert also zu Beginn den intrauterinen Zustand. Dann wird die Decke hell, was den Geburtsvorgang symbolisiert. Zuletzt enthält die Decke phallisch angreifende Flugzeuge. Also wird in diesem Decke-Lichtschirm schon der genitale Zustand dargestellt.

Der leuchtende Lichtschirm des Traumes:
Manifester Inhalt des Kinotraumes ist eine Decke, aus welcher zuerst »Lichter hervorgehen«, die sich nachher in angreifende Flugzeuge verwandeln. Die Lichter können als das Erlebnis der Blendung bei der Geburt, die angreifenden Flugzeuge als beängstigendes männliches Genitale gedeutet werden. Die Kinodecke bildet also in diesem Traum den Lichtschirm, auf welchen sich zuerst die Erlebnisse der Blendung bei der Geburt, dann andere traumatische Inhalte aus dem Leben des Individuums projizieren. Die genitalen Ängste vor dem Mann sind durch die angreifenden Flugzeuge symbolisiert.

Ähnlich folgen im Traum mit dem fliegenden Teller auf das Blendungserlebnis spätere Erlebnisse genitaler Angst. Dieser Traum zeigt einen fliegenden Teller, d. h. etwas Flaches (darum als »Teller« bezeichnet). Diese Fläche – wie die Kinodecke – scheint einen Lichtschirm zu bilden, auf welchen sich Inhalte projizieren. Tatsächlich wird dann dieser fliegende Teller als ein Objekt beschrieben, das blendendes Licht ausstrahlt, was das Blendungserlebnis bei der Geburt symbolisiert. Nachher steigt ein Mann aus, der zu essen verlangt, symbolisch ausgedrückt: jemand, der durch seine genitalen Forderungen beängstigend wirkt.

Aus dem Vorhergehenden – sowohl aus dem Kinotraum als auch aus dem Traum mit dem fliegenden Teller – können wir die Existenz von drei Komponenten annehmen.

Die erste Komponente besteht aus der Kinodecke oder aus dem fliegenden Teller. Sie bilden den *Lichtschirm des Traumes,* da sich nachträglich verschiedene Inhalte darauf projizieren. Was im Traum der Kinodecke evident ist, kann auch in bezug auf den Traum mit dem fliegenden Teller angenommen werden.

Im Verlaufe des Traumes beginnen die Lichtschirme zu leuchten. Dieses *Leuchten* bildet die zweite Komponente dieser Träume. Es entstammt der Reaktivierung der Erinnerung an das Erlebnis der Blendung bei der Geburt.

Die dritte Komponente der Träume vom Kino und vom fliegenden Teller bilden die phallisch angreifenden Flugzeuge im einen und der Furcht auslösende Mann im andern Traum. Beide symbolisieren die genitalen Ängste. Diese dritte Komponente kann am ehesten mit dem *manifesten Inhalt* der üblichen Träume verglichen werden.

Konzentrieren wir uns auf den Traum des Kinos: Hier träumt eine Frau. Sie befindet sich im Innern eines Kinos, das zu Beginn dunkel ist. Sie schickt sich an, den Film zu sehen, der gewissermaßen auf die Kinodecke projiziert wird. (Diese Decke kann den Kopf, d. h. das Psychische symbolisieren). Diese Situation – im Kino zu sein in Erwartung des Filmes – ist mit der eines schlafenden Menschen, welcher dem Träumen nahe ist, vergleichbar. Der Schlaf ist eine Regression in den fötal-intrauterinen Zustand. Der Traum ist eher dem Zustand des wachen, extrauterinen Lebens ähnlich. Der Träumende erlebt sich als einer, der sich in der Außenwelt bewegt. Die Tatsache, daß das EEG des träumenden und des wachen Menschen praktisch identisch ist, während das EEG im Tiefschlaf viel langsamere Wellen aufweist, scheint diese Annahme zu bestätigen.

Aufgrund dieser Beobachtungen können wir annehmen, daß ein Individuum, welches vom Tiefschlaf zum Träumen übergeht (psychobiologisch ausgedrückt: von der NREM- in die REM-Phase), einen Wechsel vollzieht wie beim Übergang vom fötalen zum extrauterinen Zustand. Diesen Übergang vom intra- zum extrauterinen Zustand bildet die Geburt. Daß in diesem Übergang etwas geschieht, das die unbewußte Erinnerung an die Geburt reaktiviert, scheint sich durch die detaillierte Überprüfung des Kinotraumes zu bestätigen. Betrachten wir diesen Traum nochmals eingehend: Zu Beginn befindet sich die Frau im Inneren eines dunklen Kinos, was dem fötalen, intrauterinen Zustand des traumlos Tiefschlafenden entspricht. Am Ende sieht die Frau an der Kinodecke, die als Lichtschirm des Traumes dient, angreifende Flugzeuge. Diese Szene entspricht dem Zustand des Träumens mit den entsprechenden extrauterinen Charakteristika. Zwischen dieser Anfangs- und Endphase des Traumes wird die Kinodecke, welche als Lichtschirm des Traumes vorerst noch dunkel war, beleuchtet. Die Frau bringt das deutlich zum Ausdruck, wenn sie sagt: »An der Decke gibt es Sterne, aus ihnen strahlen Lichter.« Dieses Leuchten des Lichtschirmes enthält latent das Erlebnis der Blendung bei der Geburt, symbolisiert also die Geburt. Zusammenfassend kann gesagt werden: Die Frau gelangt im Traum vom fötalen, intrauterinen Zustand durch das Geborenwerden in einen Zustand mit extrauteriner Charakteristik.

Übertragen wir das, was im Kinotraum beobachtet wurde, auf das, was immer geschieht, wenn ein Mensch vom traumlosen Schlaf zum Träumen übergeht. Zuerst ist die Frau im Dunkel des Kinos. Man kann von einem Individuum, das in einem Zustand fötaler Regression ohne Träume schläft, sagen, daß sein Seelenleben sich im Dunkel befinde, weil es keinen bewußten psychischen Inhalt hat. Im Traum des Kinos wird nachher die Decke hell. Diese symbolisiert den Kopf, d. h. das Seelenleben der Frau. Sie dient auch als Lichtschirm des Traumes. Die Beleuchtung erscheint in diesem Traum, bevor sich der Inhalt des manifesten Traumes – hier: die angreifenden Flugzeuge – auf die Decke projiziert. Man kann annehmen, daß sich etwas Ähnliches im Individuum, das sich anschickt zu träumen, ereignet: Sein bewußtes Seelenleben, das zuerst noch ohne Inhalte, d. h. im Dunkel ist, erlangt Helligkeit, in welcher nachträglich die Inhalte der Träume erscheinen. Diese Helligkeit habe ich als Leuchten des Lichtschirmes des Traumes bezeichnet. Wie der Traum des Kinos zeigt, wird diese Helligkeit durch den Übergang vom traumlosen, fötal-intrauterinen Zustand in den Zustand des Träumens mit extrauterinen Charakteristika verursacht. In diesem Übergang erlebt der Träumer wieder seine Geburt, besonders in bezug auf die Blendung durch das Raumlicht. Unter allen Erlebniskomponenten des Geborenwerdens wird die Blendung ausgewählt, weil Blendung ein visuelles Erlebnis ist und die Träume auch vorwiegend visuell sind.

Diese gewöhnlich unbewußte ursprüngliche Helligkeit des Lichtschirmes, mit der die Träume anzufangen scheinen, kann als *Urhalluzination des Traumes* bezeichnet werden, und zwar in doppelter Hinsicht: 1. weil mit ihr der Traum beginnt, 2. weil sie das Geborenwerden reproduziert, was das erste Geschehen im extrauterinen Leben eines Menschen darstellt.

Das zuletzt Erwähnte und die anderen Betrachtungen dieser Darstellung erlauben uns, Schlußfolgerungen, die auf alle Träume anwendbar sind, zu ziehen: Alle Träume bestehen aus drei Komponenten:

1. aus dem *Lichtschirm des Traumes,* der von LEWIN beschrieben wurde. Er stellt die fötal-intrauterine Regression des Schlafenden dar.
2. aus der *Helligkeit dieses Lichtschirmes.* Sie ist die *Urhalluzination des Traumes* und entstammt einer Reaktivierung der unbewußten Erinnerung an die Blendung bei der Geburt. Diese Reaktivierung entsteht, wenn das Individuum vom fötal-intrauterinen Zustand, welcher traumlosen Tiefschlaf bedeutet, in den Zustand mit extrauterinen Charakteristika, was träumen bedeutet, wechselt und dabei sein Geborenwerden wieder erlebt.
3. aus dem *manifesten halluzinatorischen Inhalt.*

Die ersten zwei Komponenten der Träume – der Lichtschirm und dessen Helligkeit – bleiben in den meisten Fällen im Unbewußten. Sie können aber manchmal zusammen oder getrennt manifest werden. Das geschieht z. B., wie man es in dieser Darstellung erkennen konnte, wenn sich der latente Inhalt des Traumes spezifisch auf die Geburt bezieht. Diese kann ihrerseits andere Inhalte symbolisieren, unter anderem eine erfolgreiche psychoanalytische Behandlung.

Zusammenfassung
Träume mit Geburtssymbolik, in welchen leuchtende manifeste Inhalte vorhanden sind, beweisen, daß das Neugeborene bei der Wahrnehmung des extrauterinen Lichtes eine Blendung erleidet.

Der Lichtschirm des Traumes drückt die fötale, intrauterine Regression aus, welche das Schlafen bedeutet. Die Bedeutung der Mutterbrust, die als Fläche gesehen werden soll, ist sekundär.

Alle Träume bestehen aus drei Komponenten:

1. aus dem Lichtschirm des Traumes, der das Schlafen darstellt, d. h. die fötale, intrauterine Regression,
2. aus der Helligkeit dieses Lichtschirmes. Sie entstammt der Reaktivierung der unbewußten Erinnerung an die Blendung bei der Geburt. Diese Helligkeit erscheint, wenn ein Mensch vom traumlosen Tiefschlaf, einem Zustand fötaler Regression, durch eine Art Geburtsprozeß zu einem Zustand mit extrauterinen Charakteristika, dem Träumen, übergeht,
3. aus den manifesten Inhalten der Träume.

Literatur

Aengenendt, J. (1954): *Psychologie des ersten Lebensjahres,* Kölen, Bonn.

Freud, S.: *Gesammelte Werke,* Bd. II/III, S. 405.

Garma, A. (1959): »Observations on the visual symptomatology in migraine«, *Psychoanal. Quart.,* XXVIII, S. 242.

– (1969): »Present Thoughts on Freud's Theory of Dream Hallucination«, *Intern. J. Psychoanal.,* L. S. 485.

– (1966): *The Psychoanalysis of Dreams,* Chicago: Quadrangle Books.

– (1970): *Nuevas aportaciones al psicoanálisis de los sveños.* Buenos Aires: Paidós.

Graber, G. H. (1970): *Ursprung, Einheit und Zwiespalt der Seele,* München: Goldmann.

Kruse, F. (1969): *Die Anfänge des menschlichen Seelenlebens,* Stuttgart: Enke.

Lewin, B. D. (1946): »Sleep. The Mouth and the Dream Screen«, *Psychoanal. Quart.* XV, S. 419.

– (1952): »Interferences from the Dream Screen«, *Intern. J. Psychoanal.,* XXIX, S. 224.

– (1953): »Reconsideration of the Dream Screen«, *Psychoanal. Quart.* XXII, S. 174.

– (1969): »Letter to L. Grinberg«, *Revista de Psicoanálisis,* XXVI, S. 227.

Rascovsky, A. (1956): »Beyond the Oral Stage«, *Int. J. Psycho-Anal.,* XXXVII, S. 1.

– (1960): *El psiquismo fetal,* Buenos Aires: Paidós.

Arnaldo Rascovsky

Das Ich als Doppel des Es und die Entwicklung der primitiven Objektbeziehungen

Bei der Untersuchung der Strukturen, die seit Beginn der Organisation des Selbst bestehen, sind wir von den rudimentären Instanzen ausgegangen, die später als postnatale Strukturen erscheinen, d. h. vom Ich, vom Es und vom Ichideal (*). Die rudimentären Instanzen erscheinen in einer Dualität, wobei es leicht ist, einerseits das Ich, andererseits die ursprüngliche Einheit und Identität von Es und Ichideal, die anfänglich eine einzige Instanz sind, festzustellen. Sowohl in den Regressionen zum fötalen Psychismus, welche im Traum zum Ausdruck kommen, als auch in den tiefen manischen Zuständen, welche ein psychopathologisches Äquivalent zu den Träumen bilden, erscheinen uns deutlich die beiden Instanzen.

Das ursprüngliche Ich

Freud hat darauf hingewiesen, daß das Ich vor allem ein Körper-Ich sei. Diese Verkörperlichung scheint eine dreidimensionale Reproduktion im Raum zu sein. Sie ergibt sich aus der Verdoppelung der Abbildung des Es im Ich. Nichts widerspricht der Hypothese, daß ein Ich seit der primitivsten anfänglichen Bildung der Organisation des Individuums besteht, d. h. seit Beginn einer lebendigen körperlichen Organisation. Das bedeutet, daß schon ein Psychismus vorhanden ist. Dieser hat spezifische Ich-Charakteristika: Wahrnehmungs- und Wirkfähigkeit.

Dies gilt nicht nur für das Verständnis des menschlichen Embryo-Fötus, sondern für die gesamte Psychologie der Lebewesen.

Die ursprüngliche Wirkfähigkeit des Ich muß in absolut nar-

---

* Das primitive Ichideal hat noch nicht die Charakteristika des Antagonismus, der Zensur und der Bestrafung, welche das Überich-Ichideal besitzt. Letzteres bildet sich erst nach der Geburt und verfestigt sich im postnatalen Leben unter dem Einfluß der Eltern, der Erzieher usw.

zißtischem Sinn verstanden werden. Sie bezieht sich auf das eigene Ich, welches Subjekt und Objekt der Aktion und ausschließliches Objekt des fötalen Psychismus ist. Das Ich muß den Prozeß der Metamorphose, welcher die Ontogenese bildet, erfahren. Diese Metamorphose verwandelt es seit der Vereinigung von Spermium und Eizelle in ein menschliches Wesen. Der Prozeß, durch welchen sich die Umformung vom Ei zum Kind vollzieht, besteht in der ontogenetischen Reproduktion der Phylogenese. Folglich müssen wir annehmen, daß die wesentliche Aufgabe des embryonal-fötalen Ich darin besteht, diese ontogenetische Entwicklung zu bewirken, indem es die phylogenetische Evolution, die im Es vorhanden ist, reproduziert.

Eine solche Aufgabe wird möglich durch die Tatsache, daß die psychische Konfrontation mit der realen Außenwelt total vom mütterlichen Organismus übernommen wird.

Unsere Abhandlung erforscht nun die Mittel, durch welche das Ich eine solche ontogenetische Reproduktion der Phylogenese vollzieht. Wir betrachten hier an erster Stelle die aufsteigende und beschleunigte Metamorphose, welche dauernd vorübergehende Strukturen schafft und modifiziert, wodurch das Individuum die verschiedenen Stadien der phylogenetischen Evolution durchschreitet.

Die Funktionen des postnatalen Ich sind in zunehmendem Maß alloplastisch. Es kann aber unter psychopathologischen oder auch normalen Umständen zu primitiven autoplastischen Zuständen zurückkehren. Zu den psychopathologischen Umständen gehören die manischen und hypochondrischen Zustände, zu den normalen der Schlaf und der Traum. Zu Beginn ist das Ich total autoplastisch. Dort bilden sich die Schichten, auf welche man sowohl in den oben erwähnten psychopathologischen Zuständen als auch in der täglichen normalen Regression in Schlaf und Traum regrediert. Im Schlaf wird der Körper wiederhergestellt. In den hypochondrischen und hysterischen Regressionen wird der Körper Zentrum des Interesses und allein mit Libido besetzt.

Wir haben gesehen, daß die Wirkfähigkeit des ursprünglichen Ich dessen eigene Struktur schmiedet. Jetzt wollen wir die Wahrnehmungsfähigkeit untersuchen, welche wesentlich im Zusammenhang mit der inneren Wahrnehmung steht, auf die sich

Freud in *Das Ich und das Es* (S. 203) bezogen hat:

»Während die Beziehung der äußeren Wahrnehmung zum Ich ganz offenkundig ist, fordert die der inneren Wahrnehmung zum Ich eine besondere Untersuchung heraus ... Die innere Wahrnehmung ergibt Empfindungen von Vorgängen aus den verschiedensten, gewiß auch tiefsten Schichten des seelischen Apparates. Als ihr bestes Muster können die der Lust-Unlustreihe gelten. Sie sind noch wenig bekannt und ursprünglicher, elementarer als die von außen stammenden, können noch in Zuständen getrübten Bewußtseins zustande kommen ...«

Da das vorgeburtliche Ich ausschließlich auf die Prozesse, die vom Es ausgehen, ausgerichtet ist, nimmt die innere Wahrnehmung den ersten Platz ein, d. h. die Wahrnehmung, die auf die Inhalte des Es ausgerichtet ist. Sicher besteht auch schon im fötalen Leben eine beginnende Wahrnehmungsfähigkeit für bestimmte reale Reize, die von der Außenwelt kommen, wie z. B. Tastempfindungen, akustische- und Schwereempfindungen. Aber diese nehmen einen sekundären Platz ein im Vergleich zur intensiven inneren Wahrnehmung der Phantasien und ererbten Botschaften, die das Es liefert, welche die Entwicklung des Ich bewirken.

Welcher Art ist diese innere Wahrnehmung? Gibt es verschiedene innere Wahrnehmungsmodelle? Wenn wir die Natur der Objekte des Es kennen, erkennen wir auch die Qualität des Wahrnehmungsapparates, der diesen Objekten angepaßt ist.

Man muß bedenken, daß sich die ontogenetische Entwicklung in Abhängigkeit von der Verbindung mit dem Objekt vollzieht, welches seit Lebensbeginn mit den ererbten Vorstellungen, die im Es enthalten sind, existiert. Etwas Ähnliches hat Freud mit folgenden Worten ausgedrückt:

»Das Ich bereichert sich bei allen Lebenserfahrungen von außen; das Es aber ist seine andere Außenwelt, die es sich zu unterwerfen strebt. Es entzieht dem Es Libido, bildet die Objektbesetzungen des Es zu Ichgestaltungen um. Mit Hilfe des Überichs schöpft es in einer für uns noch dunklen Weise aus den im Es angehäuften Erfahrungen der Vorzeit:«

Dann fährt Freud fort:

Es gibt zwei Wege, auf denen der Inhalt des Es ins Ich eindringen kann. Der eine ist der direkte, der andere führt über das Ichideal, und es mag für manche seelische Tätigkeiten entscheidend sein, auf welchem der beiden Wege sie erfolgen. Das Ich entwickelt sich von der Triebwahrnehmung zur Triebbeherrschung, vom Triebgehorsam zur Triebhemmung. An dieser Leistung hat das Ichideal, das ja zum Teil eine Reaktionsbildung gegen die Triebvorgänge des Es ist, seinen starken Anteil.«

Aber sind denn die instinktiven Vorgänge nicht ein Ausdruck der ererbten phylogenetischen Botschaften, durch welche versucht wird, die archaischen Modelle für die Organisation der Struktur und des Verhaltens auszubauen? Bildet die Ontogenese nicht eine Reproduktion der Modelle, die durch die Gattung in der historischen Vergangenheit erworben wurden und die sich übertragen und ohne jegliche individuelle Erfahrung der aktuellen äußeren Realität erworben werden?

Es scheint, daß die erste psychosomatische Organisation des Individuums einem ererbten Modell folgen muß und daß dieses Modell in der psychischen Instanz, die wir Es nennen, deponiert ist. Das Ich hat seinerseits die Aufgabe, die Reproduktion eines solchen Modells zu verwirklichen mittels der Wahrnehmung und der Verwirklichung dieses Modells.

Das primitive Es

Das Es bildet in erster Linie das Reservoir der Instinkte und des phylogenetischen Erbes. Es besteht kein Zweifel, daß diese Objekte keine verbale Qualität haben. Mehr noch, wir können annehmen, daß sie die Charakteristika des Primärprozesses haben, da das Es total unbewußt ist. Folglich gelten hier die Gesetze dieser Art.

Indem sich Freud auf die verbalen und mnemischen Reste bezog, erwähnte er Inhalte mit optischem Charakter, welche uns hier interessieren, da sie die spezifischen Objekte des Es bilden (*Das Ich und das Es,* S. 203):

»Es darf uns nicht einfallen, etwa der Vereinfachung zuliebe, die Bedeutung der optischen Erinnerungsreste – von den Dingen – zu vergessen oder zu verleugnen, daß ein Bewußtwerden der Denkvorgänge durch Rückkehr zu den visuellen Resten möglich ist und bei vielen Personen bevorzugt scheint. Von der Eigenart dieses visuellen Denkens kann uns das Studium der Träume und der vorbewußten Phantasien nach den Beobachtungen J. Varendoncks eine Vorstellung geben. Man erfährt, daß dabei meist nur das konkrete Material des Gedankens bewußt wird, für die Relationen aber, die den Gedanken besonders kennzeichnen, ein visueller Ausdruck nicht gegeben werden kann. Das Denken in Bildern ist also ein nur sehr unvollkommenes Bewußtwerden. Es steht auch irgendwie den unbewußten Vorgängen näher als das Denken in Worten und *ist unzweifelhaft onto- wie phylogenetisch älter als dieses.*«

Bei anderer Gelegenheit haben wir schon darauf hingewiesen (*El psiquismo fetal,* S. 15):

»... bis zur Unterbrechung der Nabelzufuhr braucht das Ich keine äußeren Objekte. Weil keine Notwendigkeit für eine äußere Realität besteht, bleibt das fötale Ich total unabhängig von äußeren Objekten, welche später für das nachgeburtliche Leben unentbehrlich sind. Dieses Fehlen der Realität ermöglicht uns, die ausschließliche Beziehung des fötalen Ich zu den inneren ererbten Vorstellungen oder Objekten zu verstehen ...«

Diese inneren ererbten Objekte wurden von FREUD ins Es situiert (*Das ich und das Es,* S. 234): »Das Es wäre also das Depot, wo die archaische ererbte Erfahrung gespeichert ist, die Gesamtheit der durch Generationen übertragenen Erfahrungen, welche das Ich für seine Identifikationen und seine Entwicklung braucht.«

Für das folgende dieses Referates muß ich auf die Zusammensetzung des Primärprozesses hinweisen, welcher von FREUD beschrieben wurde. Er hatte erwähnt, daß die ersten mentalen Inhalte Vorstellungen und Besetzungen sind. SUSAN ISAACS hat dieses Konzept erweitert, indem sie aufzeigte, daß die unbewußte Phantasie das mentale Korollarium des Instinktes ist. Diese Vorstellungen im Es haben plastischen Charakter und sind Bilder. Von einem physischen Standpunkt aus haben sie zweidimensionale Struktur, d. h. es sind Bilder mit zwei Dimensionen. Als Bilder haben sie visuellen Charakter und werden vom Ich wie ein innerpsychisches optisches Phänomen wahrgenommen, wie sich das in den Träumen zeigt. Die bleibende Darstellung des fötalen Psychismus, der Traum, hat ebenfalls einen halluzinatorischen, visuellen Charakter, d. h. eine innere visuelle Wahrnehmung, die nach außen projiziert wird. So hat der berühmte Satz von GOETHE: »Was immer die Träume auch sind, man sieht sie«, von neuem seine Gültigkeit.

Diese Formulierung gestattet einen Zugang zu den *physischen* Charakteristika der innerpsychischen Objekte und zu ihrer späteren Entwicklung, was auch einen Zugang zur Entwicklung der Wahrnehmungsfähigkeit des Ich ermöglicht. Die Objektbeziehung und die Objektwahrnehmung beginnen mit einem zweidimensionalen Erfassen, gemäß der Eigenart des primitiven Bildes. In den späteren Phasen schreiten sie voran bis zur Integration der vierdimensionalen Charakteristika der Objekte der realen Welt, wenn das Subjekt nach der Geburt reift. Die primitiven, ererbten, archaischen, inneren Objekte, die die spezifischen Objekte des fötalen Ich sind, bilden die Vorstellungen, die genetisch übertragen wurden, Abbilder der äußeren Welt, welche phylogenetisch registriert wurden.

Im Es ist der Plan der Ich-Bildung, mit anderen Worten, das phylogenetische Modell. Die initiale und fundamentale Funktion des Ich – sowohl perzeptiv, als auch effektiv – besteht darin, das phylogenetische Modell mittels des primitivsten und konstantesten Mechanismus im Dienst der Identifikation, mittels der Verdoppelung, zu reproduzieren.

Die Verdoppelung impliziert, daß die Wahrnehmung des Objekts zur unwiderruflichen Reproduktion dieses Objekts im Ich führt. Das einfachste Beispiel dieser Art ist die Photographie, wo die bloße Öffnung der Blende und das gleichzeitige Vorhandensein von Licht eine Verdoppelung des Bildes auf dem empfindlichen Film, welcher das Bild registriert, ergibt.

Der Doppelgänger

So zeigen sich Wahrnehmung, Verdoppelung und Identifikation wie ein einziges Phänomen, wenn die Bilder des Es in das Ich eintreten. Das Ich hat dann die Aufgabe, diese Bilder körperlich zu reproduzieren. RANK hat in seiner meisterhaften Studie über den Doppelgänger (*The Double, A Psychoanalitic Study*, The University of North Carolina Press, 1971) drei Aspekte hervorgehoben:

a) der frühere Doppelgänger;
b) der identische Doppelgänger;
c) der antagonistische Doppelgänger.

Wenn wir die Beziehung der Verdoppelung zwischen Ich und Es betrachten, ergibt sich, daß sich der frühere Doppelgänger auf die Vorstellung im Es bezieht, welche für die spätere Reproduktion im Ich gebraucht wird. Der identische Doppelgänger entspricht dieser Identifikation, d. h. der Identität, welche das Ich als körperliche Verdoppelung des früheren Bildes des Es erreicht.

Der antagonistische Doppelgänger wird schließlich durch die späteren Mißgeschicke, die das Überich erleidet, gebildet. Dann stellt er sich durch die Summe postnataler, antagonistischer Haltungen, durch Zensuren und Bestrafungen von seiten der Eltern und deren Stellvertreter in Gegensatz zu den Wünschen des Ich, welches auch Träger der Wünsche des Es ist.

So entsprechen die beiden ersten Aspekte des von RANK beschriebenen Doppelgängers, der frühere und der identische, der vorgeburtlichen Verdoppelung des Es im Ich, während der dritte Aspekt, der antagonistische, der postnatalen Entwicklung zuzuordnen ist. Er ergibt sich vor allem aus der Verdoppelung der Elternfiguren oder deren Stellvertreter, d. h. aus der Identifizierung mit ihnen, mit ihren antagonistischen Haltungen und ihren Geboten, Zensuren und Bestrafungen.

So folgern wir, daß sich das primitive, initiale Ich wie ein Doppel des Es bildet. Ausgangspunkt dieser Verdoppelung ist die visuelle Wahrnehmung, welche im Ich körperhaft wird. Wir können hier nicht weiter auf die Aspekte eingehen, die uns die psychophysiologische Untersuchung der Träume geliefert hat, noch auf die Beziehung der inneren visuellen Wahrnehmung zur Internalisierung. Auch können wir nur auf die spätere Entwicklung des pinealen Systems hinweisen, welches ursprünglich ein visuelles System war, das sich modifiziert hat, um sich der inneren Wahrnehmung der äußeren Landschaft, die sich gleicherweise internalisiert hat und das Gedächtnis bildet, anzupassen. Wir werden uns nun der Entwicklung, welche die dimensionale Erfassung der Objektbeziehungen ermöglicht, zuwenden.

Als FREUD die Charakteristika des Primär- und des Sekundärprozesses beschrieben hatte, brauchte er dafür physische Charakteristika. Die unbewußte Vorstellung hat bildhafte Gestalt, die vorbewußte hat verbale oder phonetische Gestalt.

Nach unseren Kriterien, und wie wir es auch aus Träumen verifizieren konnten, besteht die unbewußte Vorstellung aus einem zweidimensionalen Bild (ohne räumliche Tiefe), d. h. aus zwei Raumdimensionen. Beim Übergang dieses Bildes zum Vorbewußten, ein Phänomen, das im postnatalen Leben erworben wird, integriert es sich mit der dritten Dimension, welche zeitlichen Charakter hat. Also bestehen im Vorbewußten die beiden Raumdimensionen der unbewußten Vorstellung, dazu die Zeitdimension, welche sich durch die verbale Ordnung ergibt. Man muß sich vor Augen halten, daß sich der Ton und auch das gesprochene Wort in der Zeit entwickeln. So stehen wir also vor der Tatsache, daß von den drei Dimensionen der vorbewußten Vorstellungen zwei räumlichen, eine zeitlichen Charakter haben. Und doch, im primitiven Prozeß der Verdoppelung des Es im Ich geschieht eine körperliche Entfaltung mit drei Raumdimensionen. Mit andern Worten, das Bild, das vom Es kommt, hat zwei Dimensionen, und indem es sich im Ich körperlich strukturiert, erwirbt es eine dritte Raumdimension. Sie ist es, die das Ich verkörperlicht.

Auf die wesentlichen Unterschiede zwischen Primärprozeß (unbewußt) und Sekundärprozeß (vorbewußt) zurückkommend, stellen wir fest, daß diese darin bestehen, daß der unbewußte Gedanke keine zeitliche Ordnung hat, welche ein fundamentales Element des logischen Prozesses ausmacht. Der logische Prozeß wird durch den Sekundärprozeß geleitet und entwickelt sich erst nachgeburtlich, während der Primärprozeß angeboren ist.

Das Hinzukommen der zeitlichen Ordnung, welche die Basis des Vorbewußten ist, ist Bedingung für die Möglichkeit der Bewußtwerdung, d. h. die Bewußtseinsbedingung für eine determinierte Vorstellung.

Ist dieser Weg versperrt, kann die Vorstellung den Weg des Körpers einschlagen, wie das bei hysterischen Mechanismen und bei der Hypochondrie der Fall ist. Es vollzieht sich da ein Übergang der zweidimensionalen Vorstellung der unbewußten Phantasie zur autoplastischen Darstellung im Körper gemäß den primitiven Mechanismen der Ich-Bildung.

Zusammenfassung

Das fötale Ich bildet sich wie eine Verdoppelung des Es gemäß dem fundamentalen Prozeß des fötalen Psychismus, welcher darin besteht, daß die Phylogenese, die im Es gespeichert ist, ontogenetisch im Ich reproduziert wird. Anfänglich ist das ein innerer, visueller, perzeptiver Prozeß mittels eines Wahrnehmungssystems, das dieser Funktion angepaßt ist. Dieses entstammt der Nach-innen-Verlagerung des pinealen Systems, welches sich später für die neue Funktion umgebildet hat. Die ganze mentale Phänomenologie in bezug auf den Doppelgänger weist hin auf eine Regression zur Wahrnehmung der ursprünglichen Verdoppelung der Persönlichkeit.

Die Wahrnehmung entfaltet sich fortschreitend, je mehr die Fähigkeit zur dimensionalen Erfassung zunimmt. Das geschieht in dem Maß, wie sich ihre Objekte wandeln. Zuerst besteht eine visuelle, zweidimensionale Wahrnehmung. Dann bildet sich das Vorbewußte, um die Zeitdimension zu erfassen. Schlußendlich werden – durch das Spiel von Introjektion und Projektion, welche das Ich immer mehr mit der äußeren Realität in Kontakt bringen – die vierdimensionalen Umstände der realen Außenwelt erfaßt. Dieses Konzept hat mindestens für unsere aktuelle perzeptive Entwicklung Gültigkeit.

In der Wirkfähigkeit entfaltet sich das Ich von seiner anfänglichen autoplastischen Beziehung, worauf sich die ganze Libido und die ganze ursprüngliche Aktivität richtet, zur Strukturierung und Modifizierung seiner selbst.

Nach der Geburt beginnt die Aktivität gegenüber der Außenwelt, zuerst rudimentär, dann immer weiter entfaltet, parallel zur Entwicklung der dimensionalen Erfassung der Objekte.

Marthe Burger-Piaget

Klinische Beobachtungen über fötale Regressionen

Es geschieht sicherlich in jeder Analyse, daß der Patient seinen Wunsch und auch seine Sehnsucht nach einer Rückkehr in den mütterlichen Körper ausdrückt, als einem ideellen Ort, wo er ohne Versagung und ohne Konflikte gelebt hat. Diese Sehnsucht unterscheidet sich völlig von dem, was ich als eine fötale Regression bezeichne. Hier ein Beispiel, das verdeutlichen soll, was ich meine:

Es handelt sich um eine Patientin, seit eineinhalb Jahren in Behandlung, Lehrerin und Mutter mit guter familiärer und beruflicher Anpassung, die dabei eine starke depressive Tendenz mit phobischen und besonders klaustrophobischen Zügen verbirgt; sie hat einen starken Penisanspruch und eine latente Homosexualität, die sich in einer sehr lebhaften Übertragung von Haßliebe ausdrückt. Demzufolge fürchtet sie die kommenden Ferien. Sie sagt: »Madame X. ist nach Brasilien abgereist, meine Schwester nach London, das Dienstmädchen reist nach Spanien. Nur eine ist paradoxerweise immer da, meine Mutter.«
Ich sagte: »Es ist nur der Abend . . .«

Sie schweigt einen Augenblick und sagt: »Es war schrecklich während des Krieges, die Sirenen heulten abends, als meine Eltern fortgingen. Man durfte nicht einmal Licht machen. Die Sirenen, das war wirklich der Weltuntergang.«

Ich interpretiere: »Die so furchtbaren Sirenen entsprachen dem zornigen Zustand Ihrer Seele, voll Depression und Angst. Ihr Gefühl ist so, als wenn ich Sie allein lasse, um mit meinem Mann fortzugehen, so wie damals Ihre Mutter mit dem ihrigen. Die Sirene mit ihrer an- und abschwellenden Rhythmik, dazu die Gedanken an das Bombenflugzeug, genauso erleben wir zusammen unsere sexuellen Beziehungen, und Sie empfinden es als eine furchtbare Gefahr, wie einen Weltuntergang.«

»Ich erinnere mich außerdem an das Telefon, das läutete, läutete und mir Angst machte. Und die Kirchenglocken, die durch die Nacht tönten. Und dabei erinnere ich mich der Legende von der Flucht Marias mit Jesus in einem Buch von Selma Lagerlöf. Es sind dort Blumen und Bienen und viele Tiere, die ihnen zur Hilfe kamen, um die Verfolger zu verjagen. Man sieht das Kind nicht, es ist völlig verdeckt, und die Schleier sind über ihm geschlossen und beschützen es. Die Glocken erinnern mich an ihre Flucht durch die verlassenen Straßen. Diese Glocken, das ist meine ganze Kindheit.« So fand sie auch, um mich in dem Augenblick meines Fortgehens nicht zu verlieren, wie damals Vater und Mutter, kein anderes Mittel, als zu träumen, daß sie sich an mich lehnt. Es gibt in dieser Geschichte überhaupt keinen Mann. Joseph existiert nicht, wir sind nur wir zwei, ganz eins für den anderen. Der Mann ist unerwünscht, der Feind, Herodes und seine Wächter, die uns verfolgen. Es wäre eine Katastrophe, wenn sie das verborgene Kind entdecken würden. Dann schildert sie mir in der folgenden Sitzung die Situation, welche sicherlich Ursache der Klaustrophobie war: Die Phantasie, während des elterlichen Koitus in mich eingeschlossen zu sein. Sie sagt: »Ich denke die ganze Zeit an das Kind, welches mit Maria geflohen ist. Eine Biene hat sie gestochen. Ach, ich fühle mich von neuem eingeschlossen, als wenn ich gefangen wäre und mich nicht mehr befreien könnte.«

Dies sind die Gefühle und tiefen Inhalte, die ich keineswegs für eine fötale Regression halte. Das was hier erscheint, sind Phantasien, die die gewünschte Situation halluzinieren: Sie will mich für sich behalten, nicht ich bemächtige mich ihrer, sie hat mich. FREUD sagte, daß die Vorstellung der Rückkehr in den Mutterleib der Koitusersatz ist für die Impotenz. Sie träumt, es wie Papa zu machen, welcher viele Male heftig gegen sie geworden war, als eigentliche Quelle ihrer Peniswertung. Sie träumt, sie besitze den Penis, aber sie weiß, daß sie ihn nicht hat, dann phantasiert sie sich von neuem als das Kind, das ich trage, eine weniger unmögliche Vorstellung, weil ich Babies geboren hatte. Es war hier sicher eine Bewegung tiefer Regression. Aber am Ende der Sitzung stand sie wieder auf ihren zwei Beinen, und ich denke, daß sie danach ihren täglichen Aufgaben sehr bewußt und erfolgreich nachgekommen ist. Der regressive Kern war sehr begrenzt in ihrem gut organisierten Ich.

Wir werden sehr genau den Unterschied zu dem erkennen

können, was in einem anderen Patienten vorging, einem jungen Homosexuellen, mit schwerer Neurose und paranoiden und schizoiden Zügen. Von einer brillanten Intelligenz, kultiviert und sehr begabt, ließ er die Zeit verstreichen, ohne irgend etwas zu unternehmen, als Liebhaber war er, kaum entflammt, schon gelangweilt, nichts interessierte ihn anhaltend. Er hatte seinen Vater nicht gekannt, da er vor seiner Geburt gestorben war. Seine Mutter sei eine bemerkenswerte Frau, sagt er. Er ist ihr sehr verbunden, versucht ständig, ihre Fürsorge zu erhalten und gerät in Wut, wenn er sie erlangt; er seufzt nach dem Augenblick des Wiedersehens, und sieht er sie, weiß er nicht, was er ihr sagen soll, und er kann ihre Gegenwart kaum ertragen – das zeichnete seine Übertragung zu mir aus. Er kann sich seinem Objekt nicht nähern, ohne es anzugreifen und es zu zerstören, und die Angst, selbst angegriffen zu sein, nötigt ihn zur Distanz und versetzt ihn in angstvolle, beinahe panische Zustände. Trotz seiner reichen Phantasie schien sich die Behandlung schwierig zu entwickeln durch die Unterdrückung und Verneinung jeglichen Gefühls. Das Lebendige dieser Situationen wurde jäh abgebrochen und ging in Gleichgültigkeit unter.

Im Verlauf des zweiten Jahres zeigte sich eine große Beunruhigung, abhängig von folgender Situation: Seine Mutter war nach seiner Geburt sehr krank gewesen, ein Ereignis, das sich mit dem Tode seines Vaters verwickelte und von dem seine Schuldgefühle herrührten. Sein Großvater hatte als Fleischbeschauer ihn einige Male mit in die Schlachthäuser genommen. Das Töten von Tieren bekam er nicht zu sehen, aber sehr wohl die toten, ausgeweideten und an den Füßen aufgehängten Tiere. Damit begannen seine Phantasien, die aus der Frau ein schreckliches Opfer des sadistischen männlichen Instinktes machten. Welche Rache kann man von einem Wesen erwarten, das man so behandelt hat. Jede Art weiblicher Sexualität erfüllte ihn mit Abscheu. Die Defloration mußte die Frau grausam leiden lassen, eine Flut von Blut mußte ihr in diesem Moment entweichen. Wie bei der Entbindung, es war unvorstellbar, eine Schlachterei – sein Vater hatte dieses Unrecht durch seine Frau mit dem Tod gesühnt.

Alsdann kommen die Phantasien seines eigenen Sadismus, zu lang, um darüber zu berichten, aber es war sicher, daß er halbtot, bereits gestorben in der Gegenwart, sich jeden Erfolg versagte, der ihm zur Geltung verhelfen würde, unaufhörlich gejagt, um nicht das Los seines Vaters und das von vielen Männern seiner Familie zu erleben. Nachdem er diese beängstigenden Zusammenhänge durchgearbeitet hatte, wandelte er sich sehr, er begann mit Erfolg zu arbeiten, er erlaubte sich, er selbst zu sein.

Seine Homosexualität lebte nur noch selten auf und niemals mehr mit derselben Art Partner, sondern mit der Suche nach einem weichen, verständnisvollen Mann, der um ihn war – so wandte er sich zur mütterlichen Seite und gefiel sich in der Begleitung von Frauen. Der Körperteil, der ihn noch am meisten beängstigte, waren die Brüste. Er erlaubte mir, seine Angriffe gegen meine Brust sehr tief zu analysieren – er erfuhr durch mich von seiner Gier, seiner Art der Verachtung, sie zu beanspruchen und sich zu bejammern. Dann begannen sehr tiefgehende Zustände der Verlassenheit, er ertrug es nicht, mit sich allein zu sein, nach einer Mutter rufend, die ihn nicht verlassen und auf alle seine Wünsche eingehen würde. Während der Sitzungen fiel er in einen besonders eigenartigen Zustand, in dem er sich im Unvermögen zu sprechen kaum rührte, nicht erstarrt, im Gegenteil weich und ohne Halt. Ich versuchte zu sprechen, kam aber zu dem Eindruck, daß er mich einfach nicht hörte, oder vielmehr, daß die Worte keinen Eindruck auf ihn machten. Er kam wieder mit folgenden Worten: »Ich fühle, daß ich kein Wort mehr sagen könnte, obwohl ich nichts gegen Sie habe, im Gegenteil, und ich bedauere es sehr. Ich weiß nicht, was ich habe. Ich muß mich kneifen um zu wissen, daß ich existiere – ich fühle mich in einem Zustand der *Lethargie.* Dieses Wort wiederholte er häufig. Er war unbestimmt und schläfrig, und unzählige Male schlief er tief ein. Wenn ein Patient einschläft, ist es in der Regel einfach, ihn zu wecken; aber ich mußte lange warten, ihn selbst schütteln, aber ich wußte, daß ich, so unangepaßt und unbestimmt wie er war, ihn eine Weile in diesem Zustand der verarbeitenden Wiederherstellung lassen mußte, vor der Rückkehr in das reale und alltägliche Leben. Ich fühlte mich einige Male beunruhigt, ihn in einer so großen Zerbrechlichkeit weggehen zu sehen, nicht weil ich über den Ausgang dieser Krise beunruhigt gewesen wäre, aber weil mir folgende Gedanken kamen: Er könnte sich am ersten auftretenden Hindernis verletzen, auf der Straße völlig vergessend, daß es Autos gibt. Eines Tages habe ich ihn befragt, was er nach diesen Sitzungen gemacht habe;

er sagte mir, daß er nur einen Gedanken hatte, heimzukommen, und dabei alles vergaß, was um ihn geschehen war. Er verschloß Türen und Vorhänge, er achtete weder auf Telefon noch Hausglocke und blieb im Dunkeln mehrere Stunden liegen. Dann erhob er sich mühsam, und das Leben kehrte nach und nach wieder zurück. Ich deutete ihm das ohne Zögern: »Sie wollten in meinen Körper zurückkehren, sich wieder zum Fötus machen, dort, wo Sie keinerlei Anstrengungen hätten, wo es keine Gefahren, keine Konflikte gäbe.« Er akzeptierte diese Interpretation sofort.

Man sieht den sehr großen Unterschied zwischen diesem Material und demjenigen der Patientin, die von dem in Schleiern behüteten Kind Marias sprach. Es handelt sich hier nicht um Wünsche und um ausdrückbare Phantasien, sondern um eine seelische Verfassung, einen Zustand der schweren Ich-Destruktion. Unter dem Anschein von Amoralität bot dieser Patient einen archaischen Aspekt von extremer Ernsthaftigkeit. Obwohl er keine typische manische Symptomatik bot – neben seinen massiven Negationen –, hatte ich den Eindruck, daß er sich in diesem Falle wie in einer Manie gab, in einer Verbindung des Über-Ich mit dem, was das Ich unterdrückte, in einer so starken Spannung, daß sie am Ende zu einem totalen Ich-Zusammenbruch führte.

Aber ich möchte Ihnen noch von einem anderen Fall fötaler Regression berichten, der sich durch eine konstante Suizidgefahr erschwerte. Es handelt sich um ein 20jähriges Mädchen, typisch hysterisch, bei der der eindrucksvolle Zug die Stärke der aggressiven Entladungen war. Während bei dem vorausgenannten Homosexuellen die Aggressivität sich so formulierte: Ich bewege mich nicht, denn wenn ich mich bewege, bin ich in Gefahr zu töten oder selbst getötet zu werden, lag es bei ihr im Gegenteil am Geschlechtsakt, denn dessen Durchführung entsprach einer Gefahr, als wenn sie geradewegs im Inneren wohnte, wie ein Gift, das sie zerstörte. Auch explodierte sie mit Wut, Beleidigungen und harten Protesten. Sie hat ihre Aggressivität so schlecht unter Kontrolle, daß sie einmal ihren Vater schlug und eines Tages ihren Bruder anfiel und fast erwürgte. Immer wieder sagte sie: »Ich habe echte Angst, irgend jemanden zu töten.« Alles was sie machte, hatte einen epileptoiden Charakter oder vielmehr das, was HENRY EY *pervers impulsiv* nennt. Ein Ausdruck perversen Elementes, Lust zu zerstören, Lust zu ärgern, Lust in einem Wort gesagt, in den Hintern zu treten. Während des ersten Jahres ließ sie nicht einen sadistischen Film aus, Geschichten blutiger Ungeheuer oder Vampire, die ihr große Freude verursachten. Sie empfand auch Freude an Naturkatastrophen, die ganze Landschaften in Trauer versetzten, oder an aufregenden Unfällen mit vielen Toten. Nebenbei liest sie viel, bildet sich ganz allein, urteilt sehr streng über den Wert anderer Menschen und hat reelle Impulse von Nächstenliebe. Eine Mischung entgegengesetzter Züge, sehr hysterisch: Im gleichen Augenblick aufrichtig und komödiantisch, naiv und alle anderen für dumm verkaufend. Aber ihr Zynismus und ihr Mut verdecken die Depression, die Verzweiflung und ein schreckliches Schuldgefühl.

Eine so große Aggressivität konnte sich offenbar nicht anders äußern, als in einem schwachen Verhältnis zu sich, das auf ein masochistisches Verhalten zurückfiel – sie schlug einige Male den Kopf stundenlang gegen die Wände –, oder in suizidalen Impulsen: »Ich könnte jemanden töten oder mich selbst töten.« Die Suizidgedanken waren mehr oder weniger ununterbrochen latent, sie machte den ersten Versuch mit zwölf Jahren. Sie sagte mir sehr schnell: »Die Analyse ist meine letzte Hoffnung, wenn sie versagt, habe ich nichts mehr, als mich auszulöschen.«

Während der ersten Sitzung sagte sie mir: »Ich möchte Sie mit einem langen Messer durchbohren.« Mich erinnerte diese Bemerkung an FREUD, der meinte, der Satz »Ich möchte dich töten«! bezeichne im Grunde: »Ich möchte mit dir Liebe genießen.« Während der zweiten Sitzung sagte sie mir mit einer manischen Leichtigkeit: »Ich möchte meine Zunge in Ihre Vagina versenken«, was sie später erröten ließ. Diese Einzelheiten, isoliert vorgebracht, werden mühsam belebt durch die verzweifelte Suche nach der Einheit mit der Mutter.

Man sieht auch, wie der Penis bei ihr bewertet wird, wie ein Mittel, um die Einheit zu erreichen. Sie stellt ihn sich vor, halluziniert ihn und glaubt ihn zwischen ihren Beinen zu fühlen. Aber es verursacht Traurigkeit. Das drückt sich in vielen Träumen aus, dann in anderen, in denen sie in mich eindringt, wie in folgendem archaischen:

»Ich befinde mich in der Luft, ich schwebe, und oberhalb von mir ist ein großes Ei, und ich muß in dieses Ei eindringen.

Ich begebe mich hinein, und mit der darin befindlichen Masse überziehe ich meinen ganzen Körper. Die Sonnenstrahlen dringen bis zu mir, mein Körper glänzt, ich fühle mich in Sicherheit und stark. Ich werde derart unermeßlich, daß ich die Erde in meine Arme nehme – seltsam, nicht wahr? Es war eigenartig beängstigend in jenes Ei einzudringen.« Man sieht, wie sie und ich in der Vermischung enden, ich bin offenbar die idealisierte Mutter, die unermeßlich ist und sie in meine Arme nimmt, in mich, und dabei fällt sie nach und nach in unbestimmte haltlose Zustände fötaler Regression, unterbrochen von extrem mühseligen Empfindungen: »Ich lebe wie in einem Alptraum, ich habe den Wunsch, mich zu kneifen, wie man nach einem Alptraum aufwacht, von Angst überfallen. Ich gehe wie eine Nachtwandlerin, nicht lebend, reaktionslos. Ich bin wie eine lebende Leiche. Ich habe genug, nichts zu sein, noch weniger als kindlich zu sein, mich dauernd wie ein Parasit zu fühlen.« Dieser Ausdruck »Parasit« kehrte während all dieser Zustände wieder. Ich deutete ihren letzten Satz: »Sie sagen mir, ›ich habe die Nase voll, in Ihnen zu sein, noch ungeboren, ich will fort von da, ich will ich selbst sein, ich will mein Leben leben.‹« Sie schweigt und klagt mich an, sie zu hindern aus mir herauszugehen, ohne zu wissen, daß sie es ist, die dorthin zurück will. Sie sagt: »Ich fühle mich wie jener Mensch, der in einer eisernen Lunge eingeschlossen ist und nicht richtig atmen kann.«

Wir haben bei dieser Kranken die gefährliche Tendenz gesehen, den Geschlechtsverkehr zu bewältigen, der Suizid besteht aus diesen Zuständen eines *acting in,* während bei dem vorhergehenden Patienten niemals die geringste Anwandlung kam, den Akt zu vollziehen. Die Mittel, den Geschlechtsakt zu erledigen, sind für sie: eine Dosis Schlafmittel zu schlucken (Wiederfinden der guten Mutter über den oralen Weg) oder sich von der Pont de l'Isle zu stürzen (die aktive Vereinigung) oder einige Male zum Revolver die Zuflucht zu nehmen (den Penis als Mittel).

Der Grund für den starken Reiz der Suizidvorstellung ist die Vorstellung des im Schlaf wiedergefundenen Paradieses, ohne die Situation der Verfolgung, ideal und symbolisch: »Der davon träumt, sich zu töten (ich zitiere NACHT u. RACAMIER in ihrem Buch über die depressiven Zustände, 1959), und selbst jener, welcher sich tötet, sie repräsentieren so die Rückkehr zu einer umfassenden Liebe ohne Schatten, ohne Hindernisse, ohne

Grenzen, mit der Idealmutter ... er tötet sich um zu lieben und geliebt zu werden.«

Die von mir beschriebenen markanten Züge der Regressionen dieser zwei Patienten »im Grenzbereich« waren vor allem die Haltlosigkeit, die fehlende Ich-Struktur. Die wirklichen Augenblicke der fötalen Regression sind m. E. jene, in denen es am schwersten ist zu sprechen. Nicht jene, wie das junge Mädchen sagte: »Ich bin wie in einem Nebel, schwebend, eine lebende Qual« oder wie der junge Homosexuelle sagte: »in einem Zustand der Lethargie«, diese Ausdrücke sind wie Vorläufer, aber jene sind es, bei denen sie anschließend in einen schweigenden Zustand fallen, herumtappend und gestaltlos in einer Welt, die nichts mit der realen Welt zu tun hat. Bei dem jungen Mädchen dauerten diese Augenblicke selten sehr lange an, aber ich brauchte geradezu meine ganzen Kräfte, sie da herauszuziehen, weil sie von großer Suizid- und Psychosegefahr begleitet waren. Was den jungen Mann betrifft, den ich mit großer Mühe aufgeweckt habe: Er ging heim, legte sich ins Dunkle, in Gestaltlosigkeit zurückfallend, erst am anderen Tag konnte er erzählen: »Ich hatte Bedeutendes zu erledigen, nicht genug, es schien mir, daß ich mich außerhalb der Welt und der Sinne befand.«

Man wird sich nach dem Grund dieser Regressionen fragen. Man kann vermuten, daß diese Kranken sich gegen eine sehr starke Angst verteidigen, jene, die die Isolierung begleitet, die Gefahr des Zerfalls, der fehlenden Grenzen, der Ungeborgenheit, und sie suchen die Einheit des fötalen Zustandes als Mittel, eine Form wiederzufinden, eine Bindung, eine Hülle, die ihnen einen untragbaren Zustand ersparen. Sie verteidigen sich durch eine so tiefe Regression, um keine Todesangst mehr zu erleiden, die mit dem Zerfall verbunden ist. Sie machen sich ungeboren, aus Angst zu sterben.

Seit ich das Konzept des Geburtstraumas begriffen habe und auch seitdem ich einen Patienten gehört habe, der in der Analyse all die Angst seiner Zangengeburt wiederbelebte, neige ich zu der Ansicht, daß diese Patienten, die so weit zurückkehren bis vor den Augenblick ihrer Geburt, es notwendig haben, die damit verbundene Angst zu verarbeiten.

Pränatale Psychologie
in Praxis und Gesellschaft

Günter Ammon

Vorgeburtliche Phantasien und Träume im gruppenanalytischen Prozeß

Die folgenden Überlegungen hinsichtlich des Stellenwertes und der Bedeutung vorgeburtlicher Phantasien und Träume im Prozeß des therapeutischen Geschehens in der psychoanalytischen Gruppentherapie machen den Versuch, ein aus der psychoanalytischen Erforschung der Ich-Entwicklung im Medium der Gruppe gewonnenes Konzept auf das Problem *der pränatalen psychischen Entwicklung* und *ihrer Störungen anzuwenden.*

Da wir uns in *beiden* Forschungsbereichen noch weitgehend in einer Anfangsphase befinden, kann dieser Versuch selbstverständlich *keinen* Anspruch auf Vollständigkeit und Endgültigkeit erheben. Was ich Ihnen vortragen möchte, ist vielmehr als eine Hypothese zu verstehen, die aus der therapeutischen Praxis entwickelt wurde und sich darin nach meiner Erfahrung bisher auch bewährt hat, wenn auch ihre wissenschaftliche Objektivierung noch erhebliche Anstrengungen in Form systematischer Forschung erfordert.

Die Frage nach der Bedeutung vorgeburtlicher Phantasien ist naturgemäß unmittelbar verbunden mit der Frage nach den Anfängen der psychischen Entwicklung, die sicherlich den Rahmen der reinen Empirie überschreitet.

Diese Frage ist denn auch lange Zeit in rein metaphysischen Vorstellungen in Form der verschiedensten Mythologien und Religionen erörtert worden, sie ist aber auch schon sehr früh Gegenstand ärztlicher Bemühungen gewesen, an die ich hier anknüpfen möchte (vgl. Kerenyi, 1966).

Im 6. und 5. Jahrhundert vor unserer Zeitrechnung suchten im damaligen Großgriechenland, d. h. im heutigen Süditalien, die pythagoreischen Ärzte Alkmaion und Philolaos nach einer Antwort auf die Frage nach dem Zeitpunkt der Entstehung der menschlichen Seele und führten in diesem Zusammenhang embryologische Studien durch, in deren Verlauf sie u. a. bereits zu überraschend modernen Einsichten hinsichtlich der Bedeutung und der Funktionsweise des menschlichen Gehirns kamen.

Als Zeitpunkt der Beseelung des Fötus betrachteten sie den Beginn des Atemvorganges. Die Psyche wurde von ihnen dabei nicht als ein körperfremder Geist verstanden, welcher zum Zeitpunkt der Geburt in den Körper eintritt, sondern als ein Faktor und als Ergebnis der biologisch-körperlichen Entwicklung des Fötus selbst, und das *Einsetzen der Atmung* bezeichnete für sie lediglich den Abschluß eines vorher intrauterinen Entwicklungsprozesses.

Der Atemvorgang galt ihnen deshalb als eine Manifestation der *entwickelten* Psyche, weil er zwischen der Wärme, als dem Kennzeichen und der Bedingung der intrauterinen Entwicklungssituation, und der Kälte, welche die extrauterine Außenwelt charakterisiert, aktiv und kontinuierlich vermittelt und zwischen beiden Zuständen eine bewegte und bewegliche Harmonie herstellt. Diese kontinuierlich hergestellte Harmonie galt ihnen als das *entscheidende* Merkmal der aktiven Psyche und wurde daher als Ausdruck der vollzogenen Beseelung verstanden.

Die metaphorische Sprache der pythagoreischen Ärzte, welche den Atemvorgang als exemplarisch für die Funktionsweise der Psyche begriffen und in seinem Beginn das Anzeichen für die endgültige Beseelung des Kindes erkannten, bringt meines Erachtens eine Erkenntnis zum Ausdruck, die in den Ergebnissen der psychoanalytischen Erforschung der Ich-Entwicklung in der Gruppe eine überraschende Parallele findet.

Ich habe in einer Reihe von Arbeiten diesen Prozeß der Ich-Entwicklung im Medium der Gruppe als ein interpersonelles Geschehen beschrieben, in dessen Verlauf das neugeborene Kind im Rahmen seiner Symbiose mit der Mutter allmählich lernt, sich selbst als von der Mutter getrennt wahrzunehmen und Ich-Grenzen (TAUSK 1919, FEDERN 1952) aufzubauen, die ihm eine fortschreitend differenzierte Unterscheidung von *Innen* und *Außen* und von *Ich* und *Nicht-Ich* ermöglichen (vgl. AMMON, 1973a, b).

Der Prozeß der aktiven Ich-Abgrenzung beruht dabei meines Erachtens auf primär, d. h. bereits zum Zeitpunkt der Geburt gegebenen Ich-Anlagen und -Funktionen, deren weitere Entwicklung jedoch angewiesen ist auf eine adäquate Unterstützung seitens der Mutter und der Primärgruppe, sowohl im Sinne einer ausreichenden körperlichen und atmosphärischen Zuwendung, wie Fenichel (1945) sie als lebensnotwendige *external narcissistic supplies* bezeichnet hat, als auch im Sinne einer Frustrationsregulation, welche das Kind vor übermäßigen Frustrationen schützt und ihm bei der aktiven und kreativen Auseinandersetzung mit den unvermeidlichen Frustrationen behilflich ist.

Winnicott (1972) hat in ähnlichem Sinne den Beitrag, welchen insbesondere die Mutter zur präödipalen Ich-Entwicklung des Kindes leisten muß, im Rahmen seines Konzeptes des *good enough mothering* und des *facilitating environment* erforscht, und Spitz (1955/1965) hat aufgrund seiner detaillierten Erforschung der frühesten symbiotischen Interaktion zwischen Mutter und Kind die frühkindliche Entwicklungssituation als »Welt der Urhöhle« beschrieben, als deren subjektives Korrelat er das *intraorale* Erleben des Kindes begreift und deren objektive Basis er in der mütterlichen Zuwendung, ihrer Brust und ihrer tragenden Arme sieht.

René Spitz arbeitet zur Zeit an einer »Embryologie der Denkvorgänge«. Nach seiner Ansicht lernt das Kind nach der Erfahrung des präverbalen Dialogs das Lebendige vom Unbelebten dadurch zu unterscheiden, ob seine libidinösen und aggressiven Initiativen erwidert werden, ob also eine Interaktion zustande kommt oder nicht – um so erstaunlicher, daß er das pränatale, intrauterine Medium nicht in diese Betrachtung miteinbezieht.

Im Rahmen dieser Urhöhle, die zwar eine interpersonelle Realität ist, vom Kind aber erst allmählich als solche entdeckt und wahrgenommen werden kann, entwickelt das Kind dann in Form von Projektion und Introjektion die ersten Formen seiner Objektbeziehungen und beginnt damit, seine Ich-Funktionen der konstruktiven Aggression und der Kreativität zu entfalten und flexible Ich-Grenzen aufzubauen und fortschreitend zu erweitern.

Dabei verstehe ich das Ich nicht allein als einen unter dem Druck der Außenwelt ausgebildeten Schutzpanzer für das unbewußte pränatale Selbst, der im wesentlichen Abwehrfunktionen zu erfüllen hat (vgl. Graber, 1945), ich meine vielmehr, daß das Ich nicht allein der abwehrenden Abgrenzung, sondern auch der kreativen Kommunikation mit der inneren und der äußeren Welt dient. In seinem unbewußten Ich-Kern steht das Ich dabei meines Erachtens nicht im Gegensatz zu dem von Graber so bezeichneten »unbewußten pränatalen Selbst«, sondern entspricht diesem vielmehr. Dieser unbewußte Ich-Kern, der sich bereits im Zuge der intrauterinen Entwicklung ausbildet, ist daher letzten Endes die Basis jeder Ich-Identität. Er ist mit den funktionalen Ich-Aspekten durch die Nahtstelle der »Ich-Grenzen« verbunden, auf deren Funktion ich nun eingehen möchte.

Bezogen auf die Ich-Grenzen bedeutet ihre doppelte Aufgabe der Abgrenzung und der Kommunikation mit dem inneren und äußeren Nicht-Ich, daß sie einerseits weitgehend permeabel im Sinne einer Öffnung gegenüber dem inneren und dem äußeren Nicht-Ich sein können, wie sie andererseits auch aktiv geschlossen werden können im Sinne einer Abgrenzung der eigenen Ich-Identität.

Federn (1952) hat diese Zusammenhänge im Rahmen seiner Traum- und Psychosenforschung detailliert untersucht und gezeigt, daß die verschiedenen Ich-Zustände mit einer jeweils spezifischen Ausdehnung und Funktionsweise der Ich-Grenzen verbunden sind und in Variationen des von ihm so genannten Ich-Gefühls subjektiv werden.

Meines Erachtens haben die pränatalen Phantasien und Träume, wie sie uns in der analytischen Arbeit begegnen, in diesem Zusammenhang einen spezifischen Aussagewert. In ihnen findet eine Regression zu frühesten Ich-Zuständen ihren Ausdruck, die bis in die Zeit der noch nicht vollzogenen Ich-Abgrenzung reichen kann, d. h. bis auf eine Stufe der Ich-Entwicklung zurückgeht, in der das Kind noch nicht zwischen Ich und Nicht-Ich, zwischen Innen und Außen und zwischen dem eigenen Selbst und der Mutter unterscheiden kann.

Graber (1971) hat in diesem Sinne von einer »dualen Erlebniseinheit« gesprochen, welche die tiefste Regressionsebene in der psychoanalytischen Arbeit charakterisiert und deren Vorbild er in der pränatalen Einheit von Mutter und Kind erkennt.

Es ist nun eine von vielen Gruppenanalytikern beobachtete und beschriebene Tatsache, daß die Gruppensituation in der psychoanalytischen Gruppentherapie Regressionsprozesse auslösen und ermöglichen kann, die archaische Ebenen der psychischen Entwicklung und Organisation der Gruppenmitglieder erreichen kann, und zwar sowohl in bezug auf die Vorstellungsinhalte als auch auf die Zustände und Funktionsweisen des Ich.

Bion (1961) hat diese primärprozeßhafte Ebene des Gruppengeschehens und das damit verbundene Vorherrschen projektiver und introjektiver Abwehrmechanismen als Regression zu archaischen Verhaltensweisen angesehen, die er mit M. KLEIN (1948) als Reaktionsformen auf frühkindliche Ängste begreift.

W. SCHINDLER (1951) hat darauf aufmerksam gemacht, daß die Gruppe als Ganzes von ihren Mitgliedern in der Übertragung als Mutter erlebt werden kann.

ANZIEU (1971) hat erst kürzlich von gruppendynamischen Prozessen berichtet, in deren Verlauf Gruppenmitglieder die Gruppe als Mutterleib und sich selbst als Organe bzw. als Embryos darin erlebten.

FOULKES (1971) vertritt die Auffassung, daß das psychodynamische Geflecht der Übertragungs- und Interaktionsbeziehungen in der Gruppe als »Matrix« verstanden werden müsse, als eine dynamische psychische Realität, welche das Erleben und Verhalten der Gruppenmitglieder auf allen Ebenen beeinflußt und prägt. Die Gruppe bildet danach im Wortsinne als »Matrix« den gemeinsamen Nährboden, aus dem die Phantasien und das Verhalten der einzelnen Gruppenmitglieder hervorgehen und in den es auch wieder einmündet. Auch er spricht über seine Erfahrung, daß die Gruppe in der Übertragung nicht allein als Mutter, sondern auch als mütterlicher Leib erlebt werden kann, der die Gruppenmitglieder umschließt, wärmt und schützt.

Ich habe in einer Reihe Arbeiten zu zeigen versucht, daß die Gruppe auf der Ebene der primärprozeßhaften Gruppenvorgänge zum direkten Abbild der von SPITZ beschriebenen »Welt der Urhöhle« werden kann und daher eine Regression auf früheste Stufen der Ich-Entwicklung ermöglicht, die mit einer weitgehenden Auflösung der individuellen Ich-Grenzen einhergeht, wie sie für das kindliche Erleben in der Zeit der frühen Symbiose charakteristisch ist.

Die vorgeburtlichen Phantasien von Gruppenmitgliedern, wie sie im Laufe des gruppenanalytischen Prozesses verschiedentlich beobachtet werden können, gehören in diesen Zusammenhang. Sie treten nach meiner Erfahrung häufig *dann* auf, wenn die Gruppe aufgrund von Übertragungswiderständen sich gegen eine Veränderung ihrer Situation wehrt und einen als befriedigend erlebten Zustand in Form einer Gruppenphantasie festzuhalten wünscht.

Die Situation im Mutterleib erscheint dann als Vorbild des

gewünschten Zustandes, in dem die mit der bevorstehenden Veränderung der Gruppensituation verbundenen und gefürchteten Konflikte entweder als gelöst oder als nicht aktuell bzw. als suspendiert und aufgehoben erscheinen. Über ähnliche Beobachtungen aus der psychoanalytischen Einzelsituation berichtete erst kürzlich BURGER-PIAGET, 1973.

Ich möchte dies durch ein Beispiel erläutern:

In einer psychotherapeutischen Gruppe, die im Zuge einer intensiven psychotherapeutischen Arbeit ein starkes Selbstgefühl als Gruppe entwickelt hatte, aber nun vor der Aufgabe stand, ihre in Kürze bevorstehende Termination zu bearbeiten, berichtete eine Patientin in einer der letzten Sitzungen den folgenden Traum:

»Mir hat geträumt, daß eine Bekannte ein Kind bekommen sollte. Wir waren alle in einer Wohnung, die ich nicht kannte und die uns allen gehörte, ohne daß ich die anwesenden Personen genau abgrenzen oder identifizieren konnte. Es war das das Gefühl einer Gruppe und zwar dieser Gruppe.

Die Frau, die das Kind bekommen sollte, hatte einen mächtigen Bauch. Wir beschlossen nun, da es bald soweit sein sollte, daß sie niederkäme, mit ihr einen Arzt aufzusuchen, um ihr in ihrer schweren Stunde beizustehen. Wir fuhren in einem großen bequemen Wagen, wobei ich mich im Traum als die sie Begleitende erlebte, aber dabei die Gemeinsamkeit, Sorge und Erwartung der anderen sozusagen stellvertretend empfand. Die Gruppe war nach meinem Erleben bei dieser Fahrt dabei, ohne daß ich mich an jeden einzelnen sichtbar erinnern konnte. Bei der Fahrt haben wir uns dann in den Straßen verfahren, sind verschiedentlich zu weit gefahren und mußten dann ein Stück zurück, bis wir schließlich den Arzt fanden.

Es sollte eine Geburt ohne Narkose und Betäubung sein, die natürliche Art, bei vollem Bewußtsein. Der Arzt hatte kein mir bekanntes Gesicht, war uns jedoch vertraut. Die Frau, die gebären wollte, legte sich hin, und wir erwarteten, daß das Kind kam. Sie empfand keine Schmerzen, die Wehen blieben aus. Wir hielten ihre Hand, um ihr zu helfen, wenn es soweit sein werde. Doch sie konnte das Kind nicht gebären. Wir warteten noch, bis schließlich der Arzt meinte, der Zeitpunkt der Geburt sei noch nicht gekommen; sie werde das Kind wohl noch einige Zeit behalten, doch dann käme es von allein. Wir verabschiedeten uns. Wir wußten, daß er in Zukunft für uns Tag und Nacht erreichbar sei. Es war auch ein Gefühl der Gemeinschaft mit dem Arzt.«

Die Patientin berichtete weiter, daß sie nach dem Erwachen darüber nachgedacht habe, wer diese Frau sei, die gebären wollte: »Sie hatte einen mächtigen, kolossalen Bauch, wie ich ihn noch nie gesehen hatte und ruhte stark in sich. Sie hatte in meinem Traum nicht gesprochen, sich aber uns anvertraut. Sie war schweigend und vertrauend.«

Dieser Traum wurde von der Gruppe spontan als Darstellung der Gruppensituation selbst erfaßt und verstanden.

Die Gruppe stand, wie bereits gesagt, kurz vor dem Abschluß ihres gruppenpsychoanalytischen Prozesses. Sie befand sich in der Terminationsphase des Gruppenprozesses, die erfahrungsgemäß mit starker Angst erlebt wird.

Das Problem war ihr eigenes zentrales Problem, denn in den abschließenden Sitzungen stand die Gruppe vor der Aufgabe, sich darüber klar zu werden, was die gemeinsame psychotherapeutische Arbeit für die Gruppe und ihre einzelnen Mitglieder erbracht hatte, was sozusagen das Ergebnis der gemeinsamen Bemühungen war. D. h. die Gruppe selbst war konfrontiert mit der Notwendigkeit ihrer Trennung vom Therapeuten, ihrer Auflösung und ihres eigenen Todes als Gruppe und mit der Aufgabe, ihre Mitglieder aus sich zu entlassen und zu gebären.

Die Gruppe und ihre einzelnen Mitglieder reagierten auf die bevorstehende Trennung mit einer deutlichen Depression. Sie wehrten sich dagegen, die Identitätsaspekte und die Einsichten, die sie während des therapeutischen Prozesses hinsichtlich des eigenen Erlebens und Verhaltens und das ihrer Mitpatienten gewonnen hatten, als endgültiges Ergebnis des therapeutischen Prozesses zu akzeptieren. Die individuellen Identitätsgrenzen der einzelnen Gruppenmitglieder sollten sozusagen unbestimmt und offen bleiben, um die mit jeder Ich-Abgrenzung verbundene narzißtische Kränkung zu vermeiden, und die zeitliche Begrenzung der Gruppe insgesamt wurde daher abgewehrt, und in der Phantasie wurde ihre Fortdauer als Gruppe und ihre fortdauernde Abhängigkeit vom Therapeuten dargestellt.

Der zitierte Schwangerschaftstraum bringt diesen Konflikt und seine einzelnen Aspekte deutlich zum Ausdruck. Die Gruppe selbst erscheint als die Schwangere, sie hat »einen mächtigen, kolossalen Bauch«. Die Träumerin berichtet, daß sie stark in sich ruhte, daß sie nicht sprach, aber sich den Gruppenmitgliedern anvertraute. Sie war schweigend und vertrauend.

Die Fahrt der Gruppenmitglieder, welche die schwangere Frau zum Arzt begleiteten, ist m. E. eine symbolische Darstellung des Terminationsprozesses der Gruppe selbst. Die Gruppe verirrt sich bei dieser Fahrt, sie fährt verschiedentlich zu weit und muß dann wieder umkehren. Ziel dieser Fahrt der Gruppe auf der Suche nach dem ärztlichen Geburtshelfer, als den die Gruppe den Gruppenanalytiker erkannte, ist »eine Geburt ohne Narkose und Betäubung . . ., die natürliche Art, bei vollem Bewußtsein«, d. h. die Gruppe soll den Prozeß ihrer Termination nicht abwehren und verdrängen, sondern »bei vollem Bewußtsein« erleben und studieren.

Aber der Zeitpunkt der Geburt ist noch nicht gekommen, die »Wehen bleiben aus«, und der Arzt meint, daß die Schwangere ihr Kind »wohl noch einige Zeit behalten« werde und daß es dann »von allein käme«. Die Gruppe verabschiedet sich mit dem Bewußtsein, daß der Arzt-Geburtshelfer auch in »Zukunft Tag und Nacht für sie erreichbar sei«, sie fährt zurück in dem »Gefühl der Gemeinschaft mit dem Arzt«.

In diesen Phantasien tritt deutlich das Bestreben hervor, die Gruppe selbst als einen Uterus für ihre Mitglieder zu erhalten, als einen Ort, in dem alles möglich ist, der reichlich Nahrung bietet, der Wärme, Geborgenheit, Vertrautheit ermöglicht. In bezug auf die einzelnen Gruppenmitglieder erscheint der gemeinsame Gruppenuterus als ein Ort, der eine primärprozeßhafte Kommunikation erlaubt. Die Träumende berichtet, daß sie die im Traum anwesenden Personen nicht genau voneinander abgrenzen und identifizieren konnte, dabei aber doch das deutliche Gefühl hatte, es handele sich um die therapeutische Gruppe.

Nach meinen Erfahrungen, die auch von anderen Kollegen geteilt werden, treten Gruppenträume dann im gruppenpsychotherapeutischen Prozeß auf, wenn die Gruppe sich als Gruppe abgrenzen und somit eine Gruppenidentität erlangen kann. Ich habe an anderer Stelle darüber veröffentlicht.

Der zitierte Traum kann als Ausdruck des unbewußten Wunsches verstanden werden, daß die Gruppe selbst, als ein Ort des Traumes erhalten bleiben soll.

Dabei erscheint die Gruppe im Traum in dreifacher Hinsicht:

1. Sie ist die Schwangere selbst, die in ihrem Leib das ungeborene Kind trägt, ein riesengroßer Uterus, der schweigt und vertraut, bzw. Vertrauen vermittelt.
2. Die Gruppe, das sind aber auch die ungeborenen Mitglieder, die sich im gemeinsamen Uterus der Gruppe aufhalten und darin primärprozeßhaft kommunizieren und die ihr embryonales Dasein in dem Uterus der Gruppe nicht aufgeben möchten – die Schwangerschaft soll sich noch lange hinziehen.
3. Die Gruppe aber tritt im Traum außerdem als »Begleitung« der Schwangeren auf. Sie bringt diese zum Arzt, hält ihr die Hand und bemüht sich darum, die Schwangere zu unterstützen und ihr bei der erwarteten Geburt beizustehen.

Meines Erachtens dürfen wir in diesen sich wechselseitig durchdringenden Aspekten des zitierten Gruppentraumes eine Art gruppendynamische Illustration zu dem bereits erwähnten Konzept GRABERS über die *duale Erlebniseinheit* des in der analytischen Situation rekonstruierten und in der Übertragung wiedererlebten intrauterinen Erlebens erkennen.

Es ist hier die *gesamte* Gruppe, welche durch ihre hinausgezögerte Schwangerschaft den Arzt-Therapeuten in seiner Therapeuten- und Geburtshelferrolle festzuhalten versucht, indem sie ihm demonstriert, daß die Geburt noch nicht stattfinden kann.

Insofern ist der zitierte Traum auch repräsentativ für viele Formen regressiver Rückkehrphantasien, denen wir in der analytischen Arbeit immer wieder begegnen und in denen der Wunsch nach einer Rückkehr in einen Zustand der durch keinerlei Zerrissenheit bedrohten Geborgenheit, Wärme, der problemlosen Ernährung, mit einem Wort, der Wunsch nach Rückkehr zu einer durch keine Konflikte getrübten paradiesischen Situation, seinen Ausdruck findet.

Diese Phantasien, die wir in Form von Träumen und Tagträumen, von Gruppenphantasien, von vorgestellten Situationen der konfliktfreien Erfüllung aller Wünsche und Bedürfnisse und einer ursprünglichen Harmonie von innerem Bedürfnis und äußerem Milieu finden, sind m. E. als metaphorische Darstellung eines Zustandes zu verstehen, in dem das Ich sozusagen keine Arbeit leisten muß, weil es noch keine Trennung zwischen Ich und Nicht-Ich gibt, in dem keine Spannung zwischen Bedürfnis und Befriedigung ausgehalten und überbrückt werden muß, in dem Innen und Außen noch nicht voneinander unterschieden werden müssen.

Graber (1945, 1971) hat diesen psychischen Zustand als charakteristisch für das pränatale Erleben bezeichnet und dafür das Konzept eines unbewußten pränatalen Selbstes vorgeschlagen, das sich selbst als identisch mit der Mutter bzw. mit dem intrauterinen Milieu erlebt.

Er hat folgerichtig die pränatalen Rückkehrphantasien auch nicht als Ausdruck eines *spekulativen Todestriebes* verstanden im Sinne eines triebhaften Bedürfnisses zur Rückkehr in einen Zustand anorganischer Starre (Freud, 1920), sondern er begreift die pränatalen Phantasien umgekehrt als Manifestationen eines unbewußten Lebens- und Erfüllungswunsches, der in der Erfahrung des unbewußten Selbstes des pränatalen Lebens sein Vorbild und seine Ursache hat.

Der zitierte Gruppentraum beschwört sozusagen einen solchen im Medium der Gruppe wiedererlebten Zustand der pränatalen *Wärme*, um auf diese Weise dem Therapeuten zu demonstrieren, daß die Gruppe bzw. ihre einzelnen Gruppenmitglieder noch nicht in der Lage sind, den Uterus aufzulösen, die Gruppenmitglieder zu gebären und auf die fortdauernde Gemeinschaft mit dem Arzt-Therapeuten zu verzichten.

Der *Widerstandscharakter des Traumes* tritt dabei deutlich in dem Umstand hervor, daß die schwangere Gruppe den Arzt-Therapeuten zwar einerseits zur fortdauernden Aufmerksamkeit verpflichtet - der Arzt des Traumes wird sich Tag und Nacht zur Verfügung halten –, ihn aber auch andererseits zur Untätigkeit verurteilt. Die Wehen bleiben aus, der Geburtshelfer kann nicht aktiv werden.

Die plastische Darstellung aber, welche die drei verschiedenen und von mir genannten Aspekte der Gruppenerfahrung in dem Traum finden, zeigt, daß die Gruppe selbst, zu deren Sprecherin die den Traum berichtende Patientin geworden ist, sich bereits in der *Endphase* des therapeutischen Prozesses befindet, in dessen Verlauf die Gruppe insgesamt und ihre einzelnen Mitglieder *die Ich-Funktionen* der differenzierten und flexiblen *Abgrenzung* und *Kommunikation* bereits entwickelt bzw. wiederhergestellt haben, die der Gruppe eine natürliche Geburt bei vollem Bewußtsein, auch wenn diese noch abgewehrt wird, bereits erlauben.

Der folgende Traum aus der Anfangsphase einer therapeutischen Gruppe macht deutlich, daß vorgeburtliche Phantasien in der psychoanalytischen Gruppentherapie auch eine entgegengesetzte Dynamik zum Ausdruck bringen können.

Ein Patient berichtet in der achten Sitzung der Gruppe von einem Traum, in dem der ägyptische Pharao all seine Architekten in das Innere einer Pyramide führt. Während die Architekten zusehends kleiner werden, verschließt ein Steinblock nach dem anderen die Ausgänge des Gewölbes, was von dem Patienten mit lähmender Angst erlebt wird.

Dieser Traum wurde von der Gruppe selbst als Darstellung ihrer therapeutischen Situation interpretiert und als Ausdruck *der Angst* verstanden, die mit dem Eintreten der Gruppe in einen intensiven psychotherapeutischen Prozeß verbunden war. Die ägyptische Finsternis im Inneren der Pyramide, in die die Gruppe durch den Pharao, d. h. in der Übertragung durch den Therapeuten, geführt wird, hat hier einen bedrohlichen Aspekt. Die durch den Therapiebeginn provozierte Regression erscheint in Form einer deutlichen Angst vor dem Verschlungenwerden durch die Gruppe, vor dem Verlust der eigenen Identität. Anders als in dem zuerst zitierten Traum erlebt die Gruppe nicht die bevorstehende Geburt als bedrohlich, sondern fühlt sich umgekehrt bedroht durch das Nicht-geboren-werden-*dürfen.*

Besonders plastisch tritt in dem Pyramidentraum der psychodynamische Vorgang hervor, den ich als Ausbildung einer »Gruppengrenze« an anderer Stelle beschrieben habe (vgl. AMMON, 1973b). Ein Steinblock nach dem anderen verschließt die Ausgänge des Gewölbes. Die Gruppe hatte gerade in den vorhergehenden Sitzungen erlebt, daß noch einige Patienten hinzugekommen waren, womit sie ihre Vollzähligkeit erreicht hatte.

In diesem Sinne können wir sagen, daß der Traum auch das Entstehen, bzw. die Geburt *der Gruppe* darstellt, die von den einzelnen Mitgliedern mit starker Angst als Bedrohung ihrer Individualität erlebt wird.

Dabei aber erscheint die Gruppe auch in diesem Traum in doppelter Hinsicht.

1. Es ist die Gruppe der Architekten, d. h. der tatsächlichen Konstrukteure und Erbauer der Pyramide, d. h. in der Übertragung *der therapeutischen Gruppe.*
2. Und es ist die Gruppe der in der Pyramide, d. h. in der

Gruppe, Eingeschlossenen, die in der von ihnen selbst gebildeten Höhle zunehmend kleiner werden.

Der Patient, dessen Traum ich hier beschrieben habe, berichtete in der gleichen Sitzung von *ähnlichen Einschließungsphantasien* im Zusammenhang mit dem Auftreten asthmatischer Störungen seiner Atemfunktion. Die Erstickungsgefahr ist ja bekanntlich ein in vielen pränatalen Phantasien und Geburtsträumen wiederkehrendes Moment, das bekanntlich von Otto Rank (1924) und zunächst auch von Sigmund Freud (1916/17) auf die mit dem tatsächlichen Geburtsakt verbundene Erstickungsgefahr zurückgeführt wurde.

Auf das hier angeschnittene Problem des Geburtstraumas und seiner entwicklungsgeschichtlichen Bedeutung möchte ich erst später genauer eingehen, und hier zunächst, anknüpfend an die zitierte Vorstellung der pytagoreischen Ärzte des 6. und 5. Jahrhunderts, den Weg einer konsequenten metaphorischen Deutung einschlagen.

Der Atmungsvorgang mit seinem rhythmischen Wechsel von Ein- und Ausatmung kann nämlich meines Erachtens überhaupt als eine Darstellungsform für die Funktionsweise der Ich-Grenze dienen, die ähnlich wie eine aktive biologische Membran sowohl der Abgrenzung als auch der Kommunikation von innerer und äußerer Welt dient.

Das Engegefühl und die Erstickungsangst, welche so oft mit pränatalen Phantasien verbunden sind, wären dann als Ausdruck einer übermäßigen Starrheit der Ich-Grenze zu verstehen, deren abgrenzender Aspekt ihre Kommunikationsfunktion gewissermaßen überlagert. Dies ist erfahrungsgemäß dann der Fall, wenn, zu Beginn des therapeutischen Prozesses, die mit der Regression verbundene Aufforderung zur Öffnung der Ich-Grenzen gegenüber dem andrängenden Unbewußten als drohende Gefahr für die Ich-Integrität abgewehrt wird.

In dem zitierten Pyramidentraum aus der *Anfangsphase* eines gruppenpsychotherapeutischen Prozesses kommt diese Dynamik deutlich zum Ausdruck.

Der zuerst zitierte Traum, in dem eine therapeutische Gruppe in der *Endphase* des therapeutischen Prozesses sich als eine schwangere Frau mit einem »mächtigen, kolossalen Bauch« erlebt, bringt dagegen umgekehrt die Angst der Gruppenmitglieder zum Ausdruck, die als befriedigend erfahrene therapeutische Situation zu verlassen und sich im Sinne einer aktiven Abgrenzung der neugewonnenen Ich-Identität vom Therapeuten zu lösen.

In beiden Fällen erscheint das Problem der Ich-Abgrenzung projiziert auf die therapeutische Situation insgesamt, d. h. als Problem der gemeinsamen Gruppengrenze.

In der Anfangsphase des gruppenpsychotherapeutischen Prozesses wird das Entstehen dieser Gruppengrenze als bedrohlich erlebt, mächtige Steinblöcke verschließen nach und nach die Ausgänge der Pyramide, in der *Endphase* wird die Auflösung der Gruppengrenze abgewehrt, die Wehen bleiben aus, die Geburt findet nicht statt.

Hier tritt ein wechselseitiger psychodynamischer Zusammenhang zwischen der entstehenden bzw. festgehaltenen Gruppengrenze und der Ich-Abgrenzung der Gruppenmitglieder hervor, der m. E. keineswegs allein als psychopathologisches Faktum verstanden werden darf.

Dieser psychodynamische Zusammenhang bildet vielmehr die Basis *jeder* psychischen Entwicklung, deren Störungen sich daher auch in einer Störung dieses Zusammenhanges durch die Manifestationen von Widerstand und Übertragung ausdrücken.

Graber (1971) hat mit seinem Konzept der »dualen Erlebniseinheit« die intrauterine Lebenssituation des unbewußten pränatalen Selbstes als psychogenetisches Vorbild für diesen psychodynamischen Zusammenhang angenommen, der dann im Zuge der Regression dem Erleben und der Einsicht zugänglich werden kann.

Besondere Beachtung verdient dabei sein Hinweis, daß allein die Annahme einer solchen pränatal erfahrenen »dualen Erlebniseinheit« im Sinne einer ursprünglichen und konfliktfreien Einheit des Kindes mit der Mutter, d. h. mit seinem gesamten intrauterinen Lebensmilieu, es ermöglicht, den Prozeß der psychischen Entwicklung als ein einheitliches und kontinuierliches psychisches Geschehen zu begreifen, und, im Falle psychischer Störungen, wiederherzustellen.

Die psychoanalytische Ich-Psychologie, wie sie auf der Basis der Forschungen Anna Freuds (1936) vor allem von Hartmann (1939), Erikson (1956), Rapaport (1958) u. a. entwickelt wurde, hat dieser theoretischen und praktischen Notwendigkeit durch das Konzept primär, d. h. bei der Geburt, bereits gegebener Ich-Anlagen und -Funktionen und einer darauf beruhenden konfliktfreien Ich-Sphäre (HARTMANN) Rechnung getragen.

Die zitierten Autoren haben jedoch das Problem der Genese dieser primär gegebenen Ich-Funktionen weiterhin ausgeklammert gelassen und haben daher die konfliktfreie Ich-Sphäre weiterhin im wesentlichen als das Ergebnis einer durch Neutralisation und Sublimierung den Trieben abgewonnenen *relativen* Ich-Autonomie (RAPAPORT, 1958) verstanden.

Die bewußte Beschränkung der psychoanalytischen Ich-Forschung auf die postnatale Entwicklung, die sicherlich auch zurückgeht auf FREUDS (1926) kategorische Ablehnung der Rankschen Theorie vom »*Urtrauma« des Geburtsaktes* (vgl. RANK, 1924), ist aber heute, angesichts der vielfach überraschenden Befunde, welche die Erforschung der pränatalen Entwicklungsprozesse erbringen konnte (vgl. LILEY, 1969; CLAUSER, 1971, u. a.) m. E. nicht mehr eine notwendige Voraussetzung, sondern ein Hindernis unserer Forschung, das wir allerdings allmählich und mit größter theoretischer Vorsicht überwinden können.

Ich meine aber, daß wir zumindest die Möglichkeit ins Auge fassen müssen, daß die Entwicklung der bei der Geburt bereits gegebenen primär angelegten Ich-Funktionen von einem auch erlebnisbedingten intrauterinen Milieu abhängt und daß, mit anderen Worten, die primär gegebenen Ich-Anlagen selbst schon das Ergebnis einer Interaktion zwischen Mutter und Kind auf der Ebene der vegetativen Prozesse und Reaktionen sind.

Diese Auffassung, daß die Einstellung und das Verhalten der Schwangeren für die intrauterine Entwicklung des Fötus nicht folgenlos ist, hat bereits mein Lehrer CARL MÜLLER-BRAUNSCHWEIG vertreten, und die Möglichkeit eines solchen Zusammenhanges ist erst kürzlich auch von KEMPER im Rahmen einer Diskussion am Lehr- und Forschungsinstitut für Dynamische Psychiatrie und Gruppendynamik (LFI) Berlin ausdrücklich betont worden.

Wir könnten dann die Vermutung aussprechen, daß akute oder chronische Streßsituationen der Mutter, vor allem aber ihre unbewußte Ablehnung des Fötus aufgrund ungelöster eigener Konflikte, dazu führen kann, daß das Kind bereits in pränataler Zeit keine optimale Entwicklungssituation in Form eines die embryonalen Lebensprozesse adäquat unterstützenden mütterlichen Uterus vorfindet, wie dies von Hau (1972) in seinem Konzept eines *intrauterinen Hospitalismus* formuliert worden ist. Das Ergebnis einer solchen bereits in pränataler Zeit sich auswirkenden Ablehnung des Kindes könnte eine Schädigung der primären Ich-Anlagen sein.

Möglicherweise müssen auch sehr viele psychische Störungen unserer jugendlichen Patienten, die in den Kriegs- und frühen Nachkriegsjahren geboren wurden, zurückgeführt werden auf eine durch die Kriegsereignisse schwer gestörte pränatale Entwicklungssituation.

Dies sind Fragen, die wohl gestellt werden können, deren Beantwortung aber sicherlich noch erhebliche Forschungsanstrengungen nötig macht.

Grabers (1945) Postulat einer ursprünglichen konfliktfreien Einheit des unbewußten pränatalen Selbstes mit der Mutter aber hat neben der wichtigen Fragestellung für die Forschung, die damit aufgeworfen ist, eine wichtige Konsequenz für die therapeutische Praxis in der Behandlung von Patienten, die in ihrer Ich-Entwicklung bereits auf archaischer Ebene beeinträchtigt und beschädigt wurden.

Diese Ich-Kranken, wie ich sie nennen möchte und zu denen ich neben den psychotisch reagierenden Patienten auch die Borderline-Kranken, die sexuell Perversen und die psychosomatisch reagierenden Patienten zähle (vgl. Ammon, 1973 a), versuchen m. E. ein entwicklungsgeschichtlich erworbenes Defizit in ihrer Ich-Struktur durch archaische Abwehrmechanismen zu kompensieren.

Erfahrungsgemäß sind sie einer psychoanalytischen Therapie – vor allem in Form der psychoanalytischen Gruppen- und Milieutherapie – nur dann zugänglich, wenn es dem Therapeuten gelingt, in diesen Patienten ein Stück gesundes Ich zu finden, mit dem ein therapeutisches Bündnis jenseits von Widerstand und Übertragung, d. h. jenseits des pathologisch gewordenen Konflikts, eingegangen werden kann, eine Tatsache, die von vielen mit schwer gestörten Patienten arbeitenden Therapeuten betont wird (vgl. u. a. Ammon, 1973a; Jacobson, 1964; Searles; 1965, usw.).

Dies würde im Rahmen des Graberschen Konzepts besagen, daß es dem Therapeuten gelingen muß, in der psychotherapeutischen Interaktion eine »duale Erlebniseinheit« herzustellen und einen Zugang zum unbewußten Selbst des pränatalen Zustandes zu gewinnen und daher auch entsprechende Bedürfnisse des Patienten nicht a priori und nicht allein als Ausdruck einer pathologischen Regression zu verstehen und zu behandeln.

Dabei ist es m. E. besonders wichtig, daß der metaphorische Charakter der pränatalen Phantasien, in denen sowohl das Regressionsbedürfnis als auch seine Abwehr zum Ausdruck kommen kann, erkannt und adäquat beantwortet wird.

Denn das unbewußte Selbst des pränatalen Zustandes ist, wie das Unbewußte überhaupt, nur der indirekten Beobachtung durch Träume zugänglich. Die Rückkehr in den Uterus ist immer eine symbolische Rückkehr.

Das unbewußte pränatale Selbst ist aber nicht prinzipiell unerreichbar. Es kann in Form eines spezifischen Ich-Zustandes wiedererlebt werden und z. B. in den pränatalen Phantasien und Träumen einen symbolischen Ausdruck finden.

Wie Sie feststellen können, sehe ich die Träume nicht als konkrete Rückerinnerungen an eine pränatale Zeit an, wie dies KRUSE tut, sondern sehe sie als symbolische und metaphorische Leistung des Unbewußten, wie oben beschrieben. Ich möchte jedoch KRUSE nicht völlig die Möglichkeit direkter, konkreter pränataler Rückerinnerungen, die sich im Traum manifestieren, absprechen, würde sie dann jedoch im Sinne von Tagesresten ansehen und behandeln, wie dies FREUD einmal hinsichtlich telepathischer Phänomene angesprochen hat. Therapeutische Konsequenzen erbringen meiner Meinung nach Tagesreste allerdings nicht.

FREUD (1920) hat das hier angesprochene metapsychologische Problem der prinzipiellen Kontinuität der *biopsychischen* Lebensprozesse bekanntlich im Rahmen einer pessimistischen und spekulativen Trieblehre erörtert, die er selbst als eine wissenschaftliche Mythologie bezeichnet hat. Er hat den Regressionswunsch auf einen schließlich in allen Lebensprozessen sich durchsetzenden Todestrieb mit dem Ziel einer Rückkehr in den Zustand der Ruhe des Anorganischen zurückgeführt. GRABER (1969) hat ihm widersprochen und die Auffassung vertreten, daß der FREUDSCHE Todestrieb im Grunde als ein unbewußtes Streben nach einem Zustand uneingeschränkter lebendiger Erfüllung zu verstehen sei, als eine Rückkehr in den Seinsgrund und das »Wirkpotential des atomaren All«.

Ich möchte hier den Ich-psychologischen Aspekt der menschlichen Lebensprozesse hervorheben und die Auffassung vertreten, daß der Wechsel zwischen dem intrauterinen und dem extrauterinen Milieu als ein Wechsel des Ich-Zustandes verstanden werden kann, aus dem sich eine Reihe spezifischer entwicklungsgeschichtlicher Aufgaben für Mutter und Kind ergeben.

Das Kind verläßt bei der Geburt eine wärmende, schützende und nährende Lebenssituation, in der seine Bedürfnisse aufgrund einer feinabgestimmten vegetativen Interaktion mit der Mutter optimal erfüllt werden.

Mit der plötzlichen Trennung von der Mutter geht die ursprüngliche primär und konfliktfrei gegebene und erlebte Einheit von Embryo und mütterlichem Uterus verloren. Im postnatalen Milieu, in der Kälte der extrauterinen Welt, muß durch eine Interaktion von Mutter und Kind in Form der Symbiose die intrauterine Wärme durch die schützende Urhöhle ersetzt werden.

Das heißt an die Stelle der von allen Seiten geschützten und ernährten Einheit des unbewußten Selbst im intrauterinen Milieu tritt eine interpersonelle Situation, in der das Kind beginnen muß, seine eigenen Grenzen wahrzunehmen und zu entwickeln und die schützende Hülle des mütterlichen Uterus allmählich durch eine psychische Struktur zu ersetzen, die ich als Ich-Identität bezeichnen möchte und die an der Ich-Grenze beginnt.

Der Wechsel *vom intrauterinen* in das *extrauterine Milieu* aber ist nicht allein ein entscheidendes Erlebnis für das Kind, sondern auch für die Mutter und die umgebende Gruppe, deren Lebenssituation durch das Neugeborene und seine Bedürfnisse ebenfalls tiefgreifend verändert wird.

Denn nicht nur das Kind steht vor der Aufgabe, sich in der extrauterinen Welt zurechtzufinden, auch Mutter und Gruppe stehen vor der Aufgabe, *neue* Formen der Kommunikation mit dem postnatalen Kind zu entwickeln, und müssen lernen, als ein psychodynamischer Uterus für das Kind zu fungieren.

In dem Maße, wie Mutter und Gruppe in der Lage sind, diese Funktion für das sich entwickelnde Kind zu übernehmen, wird das Kind in seiner postnatalen Ich-Entwicklung die Kontinuität mit seinem pränatalen Entwicklungsprozeß erleben und aktiv gestalten können.

Mutter und Gruppe haben in ihrer Funktion als psychodynamischer Uterus für das Kind vor allem die Aufgabe der Abgrenzung gegenüber den Gefahren und den Forderungen der weiteren Umwelt. Sie können als ein solcher Gruppenuterus daher nur fungieren, wenn sie in der Lage sind sich selbst als Gruppe gegenüber der Außenwelt und auch gegenüber den eigenen unbewußten Bedürfnissen abzugrenzen. Das Kind wird dann nach dem Vorbild der Gruppengrenze seiner Primärgruppe Ich-Grenzen ausbilden können, die ebenso permeabel und flexibel sind, wie die Wand des mütterlichen Uterus in ihren vegetativ-gesteuerten Stoffwechselfunktionen.

Die Regression zu unbewußten pränatalen Phantasien und Verhaltensweisen wird dann einen *kreativen* Charakter tragen. Das Ich wird nicht als ein einengender und womöglich erstickender Schutzpanzer erlebt werden müssen, sondern als eine dynamische und kommunizierende Abgrenzung, die eine schuldfreie Selbstverwirklichung ermöglicht.

W. Schindler (1973) hat erst kürzlich diesen Prozeß als Entwicklung und Differenzierung des Selbsts beschrieben und insbesondere aufmerksam gemacht auf die entscheidende Funktion, welche die umgebende Gruppe für das Gelingen dieses Entwicklungsprozesses hat.

Graber (1973) hat kürzlich den Gedanken geäußert, daß der gesamte pränatale und postnatale Lebensprozeß als ein Gruppengeschehen konzipiert werden kann, und er hat damit intuitiv in der Tat eine von vielen Gruppenpsychotherapeuten geteilte Erfahrung ausgesprochen, daß nämlich die Gruppe auf den verschiedenen Ebenen ihres Verhaltens und ihrer Phantasien die Kontinuität der menschlichen Lebensprozesse real abbilden kann.

Dies gilt m. E. nicht allein für die Ontogenese, sondern auch für die phylogenetische Entwicklung, ein Umstand, auf den auch Foulkes (1971) hingewiesen hat, und den Schmidbauer (1972) in einer Reihe vergleichender anthropologischer Untersuchungen immer wieder hervorgehoben hat.

Ich selbst habe stets die Auffassung vertreten, daß nicht ein abstraktes Individuum, sondern die *Gruppe* als grundlegende Einheit der biologischen, psychischen und sozialen Lebensprozesse des Menschen angesehen werden muß, und ich meine, daß diese Auffassung auch in bezug auf die *pränatale Entwicklung* Gültigkeit beanspruchen kann.

So kann z. B. die therapeutische Gruppe für ihre einzelnen Mitglieder zu einer Art Uterus werden, indem sie etwa die Funktionen einer schützenden Abgrenzung gegenüber der Umwelt, der Realitätsprüfung, der Beobachtung und Kontrolle und der Integration, für diese zeitweilig übernimmt, ähnlich wie dies Mutter und Primärgruppe für das Neugeborene tun und wie dies der mütterliche Uterus auf der Ebene der biologisch-vegetativen Vorgänge tut.

Diese Uterusfunktion der Gruppe, und ich möchte die Zweiergruppe der klassischen Analyse bzw. der Einzeltherapie miteinbeziehen, bildet ja gerade die Voraussetzung für unsere therapeutische Arbeit. Indem sie durch den Schutz, den sie bietet, die gefahrlose Öffnung der Ich-Grenzen und damit den Zugang zum Unbewußten erlaubt, macht sie es möglich, die durch pathologische Fehlentwicklungen unterbrochene Kontinuität des Lebensprozesses wiederzufinden und im Zuge der therapeutischen Arbeit *neu* zu gestalten.

Im Rahmen eines solchen therapeutischen Prozesses finden wir dann, daß pränatale Regressionsprozesse, die im Sinne des Wiederholungszwanges eine pathologische Autonomie gewonnen haben, als pathologisch erkannt und bearbeitet werden können. Ich möchte dies durch ein kurzes Beispiel aus meiner Praxis illustrieren:

Eine Patientin berichtete im Anschluß an eine intensive therapeutische Erfahrung, die sie im Rahmen einer psychotherapeutischen Gruppe hatte sammeln können, den folgenden Traum:

»Zwei Kinder kommen die Treppe herunter. Sie tragen beide Glasgefäße in den Händen. Ich sage ihnen, daß die Gefäße sehr schnell zerbrechen können. Eines der Kinder sagt, wenn das so sei, würde man das Ende besser gleich provozieren.

Es schmeißt das Gefäß auf den Boden, läuft durch die Scherben, fällt und ist voller Schnittwunden. Ich denke, daß die Gruppe dies nicht sehen dürfte, nehme das Kind auf den Arm und muß durch einen sehr engen gekrümmten Gang gehen. Das Blut bleibt an den Wänden hängen. Als wir ›drin‹ sind, sagt eine fremde Frau, mein Zimmer sei nicht hier.«

Aus dem Material der freien Assoziationen der Patientin ergab sich schließlich der folgende Sinnzusammenhang:

Die Patientin erkannte in dem Haus des Traumes das Haus der Tagesklinik. In den beiden Glasgefäße tragenden Kindern erkannte sie sich selbst und ihre Schwester. Das Glasgefäß stand für die prekäre Situation in ihrer frühen Kindheit, die sie, von der sprunghaften und meist depressiven Mutter häufig verlassen, unter großer Verlassens- und Isolationsangst verbracht hatte. Sie war, im Gegensatz zur Schwester, das unansehnliche und ungeliebte Kind gewesen.

Das Hinwerfen des Glasgefäßes, die Wunden des Kindes und der Versuch, durch den engen und gekrümmten Gang in die Höhle des eigenen Zimmers zurückzukehren, erschien dann einerseits als die mißlungene Geburt selbst – die Patientin hatte von der Mutter niemals zärtliche Zuwendung erfahren und war in diesem Sinne niemals zur Welt gebracht worden – und andererseits als der mißlungene Versuch einer Rückkehr in den Uterus, der sie nicht aufnimmt. Eine fremde Frau teilt der Patientin mit, ihr Zimmer sei nicht hier.

Die Mutter der Patientin hatte, wie diese berichtete, häufig wie eine Fremde in der elterlichen Wohnung gestanden, an die Heizung gelehnt und lange Zeit wortlos vor sich hinstarrend. Sie selbst hatte an Stelle der Kinder die Sorge und Aufmerksamkeit der Familie ständig in Anspruch genommen und dabei insbesondere die Patientin und deren Stiefvater terrorisiert. Im Traum erscheint daher die Mutter selbst als Fremde im Uterus.

Die Sorge der Patientin im Traum, daß die psychotherapeutische Gruppe, den Trotz und das Unglück des Kindes, in dem die Patientin sich selbst wiedererkannte, nicht sehen dürfe, drückt die archaische Gruppenangst der Patientin aus.

Diese Erfahrung ließ den bis dahin vorherrschenden Abwehrmechanismus der Patientin für sie zum Problem werden. Sie pflegte, ähnlich wie die Mutter, lange Zeit untätig an der Heizung zu stehen, den Blick jedoch nicht wie diese ins Zimmer, sondern starr auf die Wand gerichtet. In der Kindheit hatte sie drei Jahre lang in vorwurfsvoller schweigender Isolation von der Familiengruppe verbracht, in den ersten Jahren ihrer Ehe hatte sie kaum ein Wort gesprochen.

In der psychoanalytischen Therapie beschrieb sie diese immer wiederkehrende Situation als ein unbewegliches Sitzen »im Mustopf«, verbunden mit oral-narzißtischen Phantasien von der eigenen Größe, der eigenen Schlechtigkeit und ständigen Suizidgedanken.

Auf dieser Ebene der Assoziationen, und bezogen auf die Veränderung, die im Zuge des therapeutischen Prozesses gerade zu diesem Zeitpunkt von der Patientin erfahren worden war, erschien der Traum als Darstellung eines Regressionsprozesses, dessen zwanghaft pathologische Gestalt von der Patientin nicht länger akzeptiert werden konnte, auch wenn sie der therapeutischen Gruppe selbst in ihrer Funktion als interpersoneller Uterus noch nicht vertrauen konnte.

Der Traum bringt m. E. die Dynamik der mißlingenden Geburt eines abgelehnten Kindes, der reaktiven destruktiven Aggression, die Auseinandersetzung der Patientin mit der als Uterus noch nicht akzeptierten therapeutischen Gruppe und die gleichzeitig als dysfunktional erfahrene Regression der Patientin in den ablehnenden Uterus der Mutter zum Ausdruck.

In all seinen Aspekten aber bringt der Traum das Problem der Ich-Abgrenzung zum Ausdruck, das von der Patientin in dieser Phase der therapeutischen Arbeit erstmals als Problem wahrgenommen und zunehmend konstruktiv bearbeitet werden konnte.

Zusammenfassend möchte ich sagen:

Die vorgeburtlichen Phantasien und Träume, denen wir in unserer psychoanalytischen Arbeit immer wieder begegnen, können als metaphorischer Ausdruck für ein Problem der Ich-Abgrenzung verstanden und behandelt werden. Sie können Ausdruck des Widerstandes gegen die Aufforderung zur aktiven Neu-Abgrenzung der Ich-Identität sein, wie das Beispiel des ersten Gruppentraumes zeigte, sie können anzeigen, daß die in der therapeutischen Situation enthaltene Aufforderung zur Regression und zur Öffnung der Ich-Grenzen als bedrohlich erlebt und abgewehrt wird, wie im Beispiel des Pyramidentraumes, sie können den pathologischen Charakter der Regressionsdynamik zum Ausdruck bringen und damit einen wichtigen Differenzierungsschritt in der nachholenden Ich-Entwicklung anzeigen.

Die Regression zu pränatalen Bedürfnissen und Vorstellungen darf meines Erachtens keineswegs allein als pathologischer Vorgang angesehen werden. Sie kann im Gegenteil selbst Anzeichen einer kreativen Ich-Tätigkeit sein, im Sinne einer weitgehenden Öffnung der Ich-Grenzen und Annäherung an den pränatalen Ich-Zustand der Nicht-Abgegrenztheit des Ichs. Diesen kreativen Aspekt hat die Regression zum pränatalen Ich-Zustand unter der Voraussetzung, daß sie unter der Herrschaft einer flexiblen

Ich-Kontrolle als *ein* spezifischer Ich-Zustand erlebt und daher auch in andere Ich-Zustände und Funktionsweisen übersetzt werden kann.

Dies ist ein Vorgang, der in der Regel der Unterstützung durch eine umgebende Gruppe bedarf, die den Regressionsprozeß schützt und eine *Neuabgrenzung* der Ich-Identität erlaubt.

In diesem Sinne erscheinen Schwangerschaft und Geburt als kreative Vorgänge, die als solche allerdings auf die Anteilnahme und die Unterstützung durch die Gruppe angewiesen sind.

Aus der »dualen Erlebniseinheit« (GRABER) der pränatalen Lebenssituation resultiert das *unbewußte Selbst,* oder wie ich sagen möchte, der *unbewußte Ich-Kern,* den ich als eine spezifische und dabei vollgültige Gestalt der menschlichen Psyche begreife, die a priori als eine interpersonelle Einheit erscheint.

Dieser Ich-Kern ist primär konstruktiv. Die Möglichkeit, daß er in seiner Entwicklung durch *pränatale Traumen* bzw. *traumatische Geburtsumstände* beschädigt und beeinträchtigt werden kann, halte ich für wahrscheinlich. Der Fötus könnte dann nicht einmal den mütterlichen Uterus als sicheren und geschützten Ort erleben und wäre bereits hinsichtlich der Basis seines Existenzgefühls gestört. Möglicherweise müssen wir den Zustand von Patienten mit einer permanenten Gespanntheit auf derartige pränatale Erfahrungen zurückführen.

Aus der interpersonellen Struktur und Dynamik der pränatalen Symbiose ist m. E. auch zu erklären, daß gerade die Gruppensituation auf der Ebene der primärprozeßhaften Gruppenvorgänge so häufig mit vorgeburtlichen Phantasien verbunden wird. Wichtig ist, daß diese archaischen Phantasien und die ihnen entsprechenden Verhaltensweisen, nicht a priori als pathologisch angesehen und gefürchtet werden, sondern im Rahmen der Gruppenanalyse als eine primär konstruktive Basis der Gruppenkommunikation verstanden und in die Arbeit integriert werden.

Die *Gruppe* kann dann wirklich – wie dies in dem ersten Traum, den ich beschrieb, ausgesprochen wird, zum Ort einer »natürlichen Geburt bei vollem Bewußtsein« werden, zu einer kreativen »Matrix«, die ihre Mitglieder aus dem interpersonellen Uterus der Gruppe schließlich auch bereichert und befreit entlassen kann.

Literatur:

AMMON, G. (1973a): *Dynamische Psychiatrie – Grundlagen und Probleme einer Reform der Psychiatrie,* Darmstadt: Luchterhand.
– (1973b): »Psychoanalytische Gruppentherapie«, in: *Dynamische Psychiatrie,* a.a.O.
– (1973c): »Der Traum als Ich- und Gruppenfunktion«, in: Ammon, G., Hrsg.: *Gruppenpsychotherapie – Beiträge zur Theorie und Technik der Schulen einer psychoanalytischen Gruppentherapie,* Hamburg: Hoffmann & Campe.
ANZIEU, D. (1971): »Psychoanalytische Interpretation in großen Gruppen«, in: *Dyn. Psychiat.,* 4, S. 108–122.
BION, W. R. (1961): *Experiences in Groups and other Papers,* London: Tavistock.
BURGER-PIAGET, M. (1973): »Observations cliniques de regressions foetales, impulsions au suicide et incidences contretransferelle«, in: *Dyn. Psychiat.,* 6, S. 177–198.
CLAUSER, G. (1971): *Die vorgeburtliche Entstehung der Sprache als anthropologisches Problem – der Rhythmus als Organisator der menschlichen Entwicklung,* Stuttgart: Enke.
ERIKSON, E. H. (1956): »The Problem of Ego-Identity«, in: *Am. J. Psychoanal. Ass.,* 4, S. 56–121.
FEDERN, P. (1952): *Ego Psychology and the Psychoses,* New York: Basic Books.
FENICHEL, O. (1954): *The Psychoanalytic Theory of Neurosis,* New York: Norton.
FOULKES, S. H. (1971): »Dynamische Prozesse in der gruppenanalytischen Situation«, in: Heigl-Evers, A., Hrsg.: *Pschoanalyse und Gruppe,* Göttingen: Vandenhoeck & Ruprecht.
FREUD, A. (1936): *Das Ich und die Abwehrmechanismen,* München: Kindler 1964.
FREUD, S. (1917):»Vorlesungen zur Einführung in die Psychoanalyse«, *Ges. W.* XI, London: Imago.
– (1920): »Jenseits des Lustprinzips«, *Ges. W.* XIII., a.a.O.
– (1926): »Angst und Triebleben«, in: Neue Folge der Vorlesungen zur Einführung in die Psychoanalyse, 1932. *Ges. W.* XV, a.a.O.
GRABER, G. H. (1945): *Einheit und Zwiespalt der Seele. Vor-*

und nachgeburtliche Entwicklung des Seelenlebens, Bern: Ardschuna.
- (1969): »Vom Ursprung zum Sieg des Großen Aggressors«, in: Graber, G. H., Hrsg.: *Psychotherapie der Aggression* Bern: Ardschuna.
- (1971): »Die duale Erlebniseinheit in der analytischen Situation«, in: *Dyn. Psychiat.,* 4, S. 202–213.
- (1973): Briefliche Mitteilung.

HARTMANN, H. (1939): *Ich-Psychologie und Anpassungsprobleme,* Stuttgart: Klett 1960.

HAU, Th. (1972): *Peri- und pränatale Faktoren der Neurosenätiologie.*

JACOBSON, E. (1964): »The Self and the Object World«, in: *Am. J. Psychoanal. Ass. Monographs Series No. 2,* New York: Int. Univ. Press.

KERENYI, K. (1966): »Pythagoras und Orpheus«, in: *Humanistische Seelenforschung,* München/Wien: Langen-Müller.

KLEIN, M. (1948): *Contributions to Psychoanalysis,* London: Hogarth.

KRUSE, F. (1969): *Die Anfänge des menschlichen Seelenlebens,* Stuttgart: Enke.

LILEY, M. (1969): *Moderne Mutterschaft,* München: Scherz.

RANK, O. (1924): *Das Trauma der Geburt und seine Bedeutung für die Psychoanalyse,* Wien.

RAPAPORT, D. (1958): »The Theory of Ego Autonomy. A Generalization«, in: *Bull. Menn. Clin.,* 21, S. 15.

SCHINDLER, W. (1951): »Family Pattern in Group Formation and Therapy«, in: *Int. J. Group Psychother,* 1.
- (1973): »Das Selbst und die Gruppenanalyse«, in: *Dyn. Psychiat.,* 6, S. 165–176.

SCHMIDBAUER, W. (1972): *Die sogenannte Aggression,* Hamburg: Hoffmann & Campe.

SEARLES, H. F. (1965): *Collected Papers on Schizophrenia and Related Subjects,* London: Hogarth.

SPITZ, R. A. (1955): »Die Urhöhle: Zur Genese der Wahrnehmung und ihrer Rolle in der psychoanalytischen Technik«, in: *Psyche,* IX, S. 641–667.

TAUSK, V. (1919): »On the Origin of the ›Influencing Machine‹ in Schizophrenia«, in: Fliess, R., Ed.: *The Psychoanalytic Reader,* Vol. 1, New York: Int, Univ. Press, 1967.

Winnicott, D. W. (1972): *The Maturational Process and the Facilitating Environment: Studies in the Theory of Emotional Development*, London: Hogarth (deutsche Ausgabe erscheint im September 1974 unter dem Titel *Reifeprozesse und fördernde Umwelt*).

Gerhard Rottmann

Untersuchungen über Einstellungen zur Schwangerschaft und zur fötalen Entwicklung

In den letzten Jahrzehnten und Jahren haben wir zunehmend Wissen um die vielfältigen Einflüsse erlangt, die imstande sind, auf das Ungeborene einzuwirken. Seien dies nun mütterliche Virusinfektionen (1), Mangelerkrankungen (2), Alkohol (3), Nikotin (4), oder Medikamentenabusus, Röntgenstrahlen (5) oder Lärm (6), ihre schädliche Auswirkung auf die fötale Entwicklung vor allem in körperlicher Hinsicht konnte aufgezeigt werden.

Welche Rolle spielt nun inmitten dieser mannigfachen Wirkungsmöglichkeiten die Haltung der Mutter, ihre gefühlsmäßige Einstellung zur Schwangerschaft? Was bedeutet es für das noch ungeborene Kind, wenn es von seiner Mutter entweder glücklich willkommen geheißen oder aber feindlich abgelehnt wird? Wie wirken sich nun solche verschiedenen Einstellungen von Müttern auf die Entwicklung ihrer Kinder vor der Geburt aus, und welche möglichen Folgen haben sie für das spätere Leben?

Diese Frage nun liegt den eigenen Untersuchungen über mütterliche Einstellungen und fötale Entwicklung zugrunde. Ausgehend von der leiblich-seelischen Ganzheit des Menschen im allgemeinen und der biologischen Einheit von Mutter und Ungeborenem im besonderen, sowie angeregt durch psychoanalytische Theorien über den Symbolgehalt verstärkter Schwangerschaftsbeschwerden, von Frühgeburt und Übertragung (7) usw., über deren Zusammenhang mit psychischen Faktoren bereits einige Einzeluntersuchungen vorliegen, wurden diese Phänomene in die eigene Untersuchung miteinbezogen.

Das grundlegende Problem bestand darin, diese überaus komplexe Erscheinung der Einstellung zur Schwangerschaft, mit ihrer Verflechtung bewußter und unbewußter Komponenten zuerst einmal in einer reliablen und zutreffenden Weise meßbar zu machen.

FERREIRA, (9) hat in seiner Untersuchung über die emotionale Haltung der Mutter und ihrer Spiegelung im Neugeborenen einen statistisch signifikanten Mittelwertsunterschied in der PARI Skala »Angst, das Kind zu verletzen« zwischen Müttern von als »auffällig« charakterisierten Neugeborenen und Müttern von unauffälligen« Kindern nachweisen können. In einem Doppelblindversuch waren die Neugeborenen von genau instruierten Säuglingsschwestern hinsichtlich fünf Verhaltenskategorien beurteilt worden. FERREIRA hatte bei den Müttern der auffälligen Kinder auch eine signifikant höhere Streuung in der Einstellungsskala »Ablehnung der Schwangerschaft« vorgefunden, während die »Auffälligkeit« der Neugeborenen unabhängig war von Alter, Rasse, Kinderzahl der Mutter, Dauer der Geburt, Art der Entbindung, Medikation, Brust- oder Flaschennährung und von der Angabe »geplante« oder »ungeplante« Schwangerschaft.

Diese beiden Subskalen des PARI wurden für die eigene Untersuchung übernommen, aus dem Englischen übersetzt, erweitert und nach einem Vorversuch einer Itemanalyse unterzogen. Die Einstellungsskala *Offene Ablehnung der Schwangerschaft* besteht aus 18 Behauptungen etwa folgender Art:

»Eine kluge und intelligente Frau vermeidet es, schwanger zu werden.« »Eine Frau zweifelt oft an der Sinnhaftigkeit der Schwangerschaft« usw.

Die Einstellungsskala *Angst, das Kind zu verletzen* besteht aus 18 Behauptungen folgender Art: »Mütter fürchten sich, daß sie ihr Baby beim Anfassen verletzen könnten« oder »Viele Mütter haben Angst, daß sie eine Fehlgeburt haben könnten« usw.

Die Frauen konnten diesen Behauptungen stark oder schwach zustimmen oder sie für sich persönlich als stark oder schwach zutreffend ablehnen.

Da die erste dieser Skalen offenbar die bewußte Einstellungskomponente zur Schwangerschaft mißt und die zweite die unbewußte, so kann mit Hilfe beider Werte eine ziemlich treffsichere Aussage über die Intensität und die Bewußtheit oder Unbewußtheit der emotionalen Haltung zur Schwangerschaft gemacht werden. Dies soll die folgende Skizze verdeutlichen:

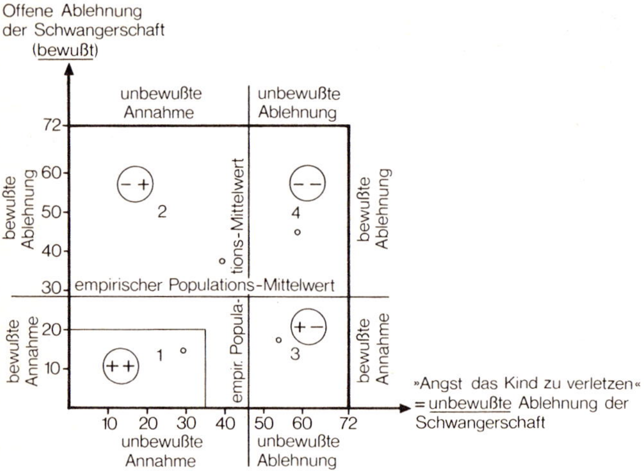

Durch die beiden Kriteriumsskalen wird hypothetisch ein zweidimensionales Einstellungsfeld aufgespannt, wobei operational als *Annahme* ein für jede Skala unter dem empirischen Populationsmittelwert liegender Summenscore bezeichnet wird und als *Ablehnung*, wenn dieser persönliche Summenscore über dem Mittelwert liegt. Durch die Kombination beider Skalenwerte lassen sich insgesamt 4 hypothetische Idealtypen von Müttern bilden, womit die Möglichkeit gegeben ist, in differenzierter Weise die Auswirkung der Einstellung zur Schwangerschaft auf die fötale Entwicklung nachzuprüfen. Im folgenden seien diese vier Idealtypen von schwangeren Frauen kurz charakterisiert:

1. *Typus der idealen Mutter:* gekennzeichnet durch eine bewußte *und* unbewußte Annahme der Schwangerschaft, bejahende konfliktfreie Einstellung zum Kind.
2. *Die kühle Mutter:* gekennzeichnet durch eine bewußte Ablehnung und unbewußte Annahme der Schwangerschaft, die Ablehnung ist eher Folge situationsbedingter als tiefer Konflikte, dem Kind wird eher mit Gleichgültigkeit begegnet.
3. *Die ambivalente Mutter:* gekennzeichnet durch eine bewußte Annahme bei gleichzeitiger unbewußter Ablehnung der

Schwangerschaft. Hier liegt im Zusammenhang mit der Schwangerschaft ein Tiefenkonflikt vor, der jedoch von einer im übrigen intakten Persönlichkeit kompensiert wird. (Identifikation mit männlicher Rolle, Sekundärmotivation für Schwangerschaft durch starkes Leistungsgewissen.)

4. *Die katastrophale Mutter:* Unbewußte *und* bewußte Ablehnung des Kindes, die feindlichen Impulse sind so stark, daß sie auch das Tagesbewußtsein überfluten. Die Schwangerschaft ist für diese Mutter die Katastrophe ihres Lebens.

Für jede dieser vier Einstellungstypen wurden an Hand von Daten aus den folgenden Bereichen eine Reihe psychologischer, psychosomatischer sowie psycho-sozialer Hypothesen überprüft:

1. Psychisches Profil/Abwehrmechanismen	FPI/SAS
2. Einstellung zur mütterlichen Rolle (Stillen, Geburt, Kindererziehung)	Einstellungsskala
3. Primärgruppenbeziehungen	T A T
4. Wochenbettverhalten	Verh.beobachtung
5. Sozialanamnese (Alter, Status etc.)	standard. Interv.
6. Medizin. gynäkologische Anamnese	–
7. Geburtsverlauf und Medikation	–
8. Schwangerschaftsverlauf	–
9. Schwangerschaftsbeschwerden	–

Die grundlegenden Hypothesen der Untersuchung gingen jedoch dahin, daß erstens zwischen den Neugeborenen, speziell in den Extremgruppen ideale Mütter (1) und Katastrophenmütter (4), statistisch signifikante Unterschiede im Verhalten auftreten müßten.

und daß zweitens die Quantität der Störungssymptome linear von der Gruppe 1 über 2 und 3 nach 4 hin ansteigt; d. h. je massiver die emotionale Ablehnung des Kindes, desto massiver seine Störungssymptomatik!

Während Ferreira von den auffälligen Kindern auf die Mütter rückgeschlossen hatte, versuchten wir umgekehrt von den verschiedenen Einstellungstypen auf die Befindlichkeit des Neugeborenen zu schließen.

In einem Blindversuch an einer unausgelesenen Zufallsstichprobe an der II. Universitätsfrauenklinik in Wien (Prof. Husslein) wurde durch genau instruierte Säuglingsschwestern die Beurteilung der Neugeborenen hinsichtlich folgender Kategorien vorgenommen:

1. *Apathiesyndrom* (verlangsamte Motorik, erhöhtes Schlafbedürfnis, vermindertes Schreien);
2. *Hyperaktivitätssyndrom* (vermehrte Motorik, verminderter Schlaf, vermehrtes Schreien);
3. *Saugverhalten* (Auffälligkeiten wie Trinkfaulheit, Ungeschicklichkeit, Gier, festbeißen);
4. *Erbrechen* (nicht Aufstoßen).

Pro Verhaltenskategorie und Beurteilungstag konnten folgende Bewertungen vergeben werden: 0 = unauffällig, 1 = auffällig, 2 = sehr auffällig.

Der Beurteilungszeitraum waren der dritte, vierte und fünfte Lebenstag. Es ist klar, daß mit Hilfe einer solchen Verhaltensbeobachtung, verglichen mit elektronischen Methoden der Verhaltensregistratur, nur sehr grobe Auffälligkeiten festgehalten werden konnten.

Es würde zu weit führen, an dieser Stelle sämtliche Untersuchungsergebnisse zu referieren, deshalb seien nur einige wesentliche hervorgehoben:

Die vier hypothetischen Typen von Müttern erwiesen sich als empirisch existent. Von insgesamt 141 Müttern, die in die Auswertung einbezogen werden konnten, entfielen auf

Gruppe 1, ideale Mutter	46 oder ca. 33 Prozent	
Gruppe 2, kühle Mutter	23 oder ca. 16 Prozent	
Gruppe 3, ambivalente Mutter	34 oder ca. 24 Prozent	100 Prozent = 141
Gruppe 4, katastrophale Mutter	38 oder ca. 27 Prozent	

Zwei Drittel aller Mütter wiesen also eine mehr oder minder

intensive, mehr oder minder offene oder verdrängte Ablehnung und Feindlichkeit gegenüber dem werdenden Kinde auf.

Lediglich von einem Drittel der Mütter konnte man sagen, sie seien »guter Hoffnung«.

Bei einer direkten Befragung hatte NILSSON (8) ermittelt, daß 60 Prozent der Frauen die Schwangerschaft als »willkommen« bezeichnen. Bedenken wir aber, daß in unserer Untersuchung indirekt befragt wurde, so steht dieses Ergebnis nur scheinbar im Widerspruch zu dem eigenen. Auf die direkte Frage hätten jene 24 Prozent der »ambivalenten« Mütter ebenfalls mit »ja, die Schwangerschaft ist mir willkommen« geantwortet, da sie sich ihrer Ablehnung kaum bewußt sind oder diese nicht eingestehen. 33 Prozent (ideale Mutter) + 24 Prozent (ambivalente Mutter) ergibt jedoch insgesamt 57 Prozent Frauen, die ihre Schwangerschaft ganz bewußt als »willkommen« bezeichnen. Dies entspricht dem Ergebnis NILSSONS von 60 Prozent. Wir schließen daraus, daß es zwischen Schweden und Wien hinsichtlich des Vorkommens verschiedener Einstellungstypen zur Schwangerschaft keine wesentlichen Unterschiede geben dürfte.

Im einzelnen hatte nun die Gruppe *ideale Mutter* (1) erwartungsgemäß eine optimale, positive Einstellung nicht nur zur Schwangerschaft, sondern auch zu Geburt, Stillen und zu Kindern, war also sichtbar am besten mit ihrer biologischen Rolle als Mutter identifiziert, emotional überaus stabil und belastungsfähig und somatisch gesund mit dem geringsten Ausmaß an Schwangerschaftsbeschwerden und wies den leichtesten und kürzesten Geburtsverlauf auf. Frühgeburten und Übertragungen hatten in dieser Gruppe ein Minimum.

Demgegenüber hatte nun die Gruppe *ambivalente Mutter* (3) im psychischen Profil die größte Ähnlichkeit, bei sichtbar größerer Aggressivität, Depressivität und emotionaler Labilität, mit einem deutlich höheren Ausmaß an Ängstlichkeit, die sich bei diesem Muttertyp vor allem auf das werdende Kind richtet. Ebenso ist er als stillunwilliger zu bezeichnen, hat höhere Angst vor der Geburt und ist Kindern gegenüber überaus aggressiv beherrschend eingestellt. Somatisch ist diese Müttergruppe ähnlich gesund wie die »ideale Mutter«. Sie leidet kaum unter vegetativen Symptomen. Erwartungsgemäß fanden sich hier bei sozialer Überanpassung starke intrapsychische Spannungen. Diese

Frauen stehen mehr als alle anderen mitten im Berufsleben und weisen die höchste Zahl starker Raucherinnen auf. Auf Grund ihrer männlichen Rollenidentifikation kommen diese Frauen durch die Schwangerschaft in Bedrängnis, diese gestehen sie sich aber kaum ein, neigen eher dazu, die Schwangerschaftssymptomatik zu überspielen, ihren Zustand nicht wahrzuhaben. Frühgeburten kommen gehäuft vor, Übertragungen sind relativ selten.

In der Gruppe *kühle Mutter* (2) fand sich in bezug auf allgemeine Ängstlichkeit, Depressivität und emotionale Labilität eine große Ähnlichkeit mit der »ambivalenten Mutter«. Diese Frauen sind jedoch in ihrem Verhalten deutlich aggressiver, weniger anpassungsfähig, und unbeherrschter. Während sie kaum Angst haben, daß sie das Kind verletzen könnten, lehnen sie die Schwangerschaft ganz offen ab, dementsprechend weisen sie auch eine höhere ablehnende Haltung der Geburt, dem Stillen und Kindern gegenüber auf als die ambivalente Mutter. Raucherinnen fehlen hier jedoch fast ganz. Schwangerschaftsbeschwerden sind etwas deutlicher ausgeprägt als in den beiden zuvor bespr. Gruppen. Bei der minimalen Frühgeburtenrate sind hier die schwersten Fälle von Übertragung zu beobachten. Während die Frauen der ersten und der dritten Gruppe aus sozial höheren Schichten kommen, gehören die Frauen dieser Gruppe zusammen mit den Frauen aus der Gruppe *katastrophale Mutter* (4) sozial niedrigeren Schichten an. Die »Katastrophenmütter« sind psychisch mit Abstand am gestörtesten. Sie haben die deutlich höchsten Werte in offener Aggressivität, Depression, Reizbarkeit, Intoleranz. Sie lehnen in einem überaus massiven Ausmaß alle Funktionen, die mit ihrer Weiblichkeit und Mütterlichkeit zusammenhängen, ab: die Schwangerschaft, die Geburt, das Stillen, die Beschäftigung mit Kindern. Sie bieten das Bild einer akuten neurotischen Erkrankung. Als Ausdruck ihrer Ablehnung der Schwangerschaft und als Zeichen ihrer starken regressiven Wünsche entwickeln sie die massivsten Schwangerschaftsbeschwerden und sind überhaupt in ihren vegetativen Abläufen stark gestört. Auf Grund ihrer engen Bindungen an Elternfiguren sind sie unfähig eine positive Beziehung zu dem Kind zu entwickeln. Besonders augenfällig sind Beschwerden in der zweiten Schwangerschaftshälfte, wie Erbrechen, Appetitsstörungen, Schlafstörungen usw. Sie haben die schwierigsten Geburten, die massivsten Fälle von Frühgeburten und den größten Medikamentenverbrauch während der Schwangerschaft.

Die Hypothese, wonach sich Schwangerschaft und Geburt zunehmend mit der emotionalen Ablehnung dieser Funktionen erschweren, konnte also angenommen werden. Dies ist für die fötale Entwicklung von weitreichender Bedeutung, wie noch zu zeigen sein wird.

Erwartungsgemäß waren die Neugeborenen der Idealmütter in ihrem Verhalten wesentlich weniger auffällig oder gestört als die Neugeborenen der Katastrophenmütter. (s. 2,5 Prozent)

Während sich die Kinder der kühlen Mütter trotz ihrer größeren Auffälligkeit nicht signifikant von denen der Idealmütter unterschieden, konnte ein solcher Unterschied zwischen den Kindern der Idealmütter und denen der ambivalenten Mütter dennoch abgesichert werden.

Es zeigte sich auch, daß die Katastrophenmütter in signifikant höherem Ausmaß leichtere und schwerere Kinder zur Welt bringen, also bedeutend mehr untergewichtige und übergewichtige, als die Mütter in den übrigen Gruppen. Bei einer Differenzierung der Störungssymptomatik zeigte sich folgendes:

Bei den Kindern der Gruppe *kühle Mutter* (2): Schwerpunkt der Störungen im Apathiesyndrom bei relativem Fehlen von Erbrechen und Hyperaktivität;
bei den Kindern der Gruppe *ambivalente Mutter* (3): Schwerpunkt im Erbrechen und Hyperaktivität.
bei den Kindern der Gruppe *katastrophale Mutter* (4): Schwerpunkt der Störungen liegt hier im Auftreten der sogenannten Kipp-Phänomene: Apathisches Verhalten schlägt um in hyperaktives Schreien.

Diese Ergebnisse stützen jedenfalls die Resultate von FERREIRA und von THURNER (10), der bei Kindern von Frauen, die während der Schwangerschaft starken emotionalen Belastungen ausgesetzt waren, ein eigenes Verhaltenssyndrom beobachten konnte. Sie stehen auch im Einklang mit Tierversuchen an Ratten (THOMPSON [11], ADER/CONKLIN [12]) bei denen bei experimentell traumatisierten Tieren eine verstörte Nachkommenschaft beobachtet wurde.

Es war also möglich, nachzuweisen, daß sich die ablehnende Einstellung der Mutter dem Kind gegenüber in signifikanter Weise auswirkt. Es war auch möglich nachzuweisen, daß eine ablehnende Einstellung zur Schwangerschaft zusammen mit einer mangelnden Anpassung an die mütterliche Rollenfunktion in erster Linie für die sogenannte »emotionale Belastung«, den »emotionalen Streß«, das »psychische Spannungssyndrom« usw., wie es von anderen Autoren beschrieben wurde, verantwortlich ist.

Die Untersuchungen auf diesem Gebiet befinden sich noch in einem Anfangsstadium. Wir sind beim derzeitigen Stand der Forschung noch nicht in der Lage, die beobachteten Phänomene in einer geschlossenen Kausalkette auf ihre Ursachen zurückführen zu können.

Wir konnten also beobachten, daß eine Frau, die unter ihrer Mutterschaft leidet, mit viel größerer Wahrscheinlichkeit ein Kind gebiert, das von Beginn an irritiert ist und gleichfalls leidet, während eine harmonische, glückliche Mutter ein gleichfalls harmonisches, glückliches Kind zur Welt bringt.

Wie ist dies möglich? Nach den üblichen Vorstellungen erfährt das Kind im Leib seiner Mutter eine Zeit uneingeschränkter Geborgenheit und kommt sozusagen als tabula rasa zur Welt. Diese Vorstellung ist mit Sicherheit auf Grund der Forschungsergebnisse als überholt zu betrachten. Vielmehr hat das Kind während der gesamten Schwangerschaft in ununterbrochener Kommunikation mit seiner Mutter gestanden und hat entsprechend der gefühlsmäßigen Haltung der Mutter eine mehr oder weniger beschränkte Geborgenheit erfahren, je nachdem ob es willkommen geheißen oder abgelehnt worden war.

Dies ist für die Psychohygiene und Psychotherapie von Schwangeren von großer Bedeutung.

Bei der Überlegung, auf welche Weise sich nun die feindliche Haltung der Mutter auf die fötale Entwicklung auswirken kann, sind unserer Ansicht folgende sechs Möglichkeiten oder Kanäle in Betracht zu ziehen:

1. *Fehlhaltungen in der Lebensweise:* Die feindlich eingestellte Mutter setzt durch ihre Vernachlässigung der Diät (Gruppe 2 und 4), übertriebenes Rauchen (Gruppe 3 und 4) Gebrauch und Mißbrauch von Drogen und Medikamenten (Gruppe 4), beruflichen Streß (Gruppe 3) indirekt Noxen für die Entwick-

lung des Kindes. Da sie dem Kind nicht die nötige Aufmerksamkeit schenkt, unterläßt sie es in weit höherem Ausmaß als die glückliche Mutter (Gruppe 1), sich auf die Erfordernisse der Schwangerschaft einzustellen.

2. *Störungen des Schwangerschaftsverlaufes und der Geburt:* Die extrem negative Haltung oder psychosomatische Störung bewirkt ganz in Übereinstimmung mit psychoanalytischen Theorien eine erhöhte Frequenz von spontanen Aborti, Frühgeburten und Übertragungen. Dies wird vor allem durch neuere Ergebnisse der psychosomatisch orientierten Gynäkologie belegt: KASKARELLS (13), VANDENBERG (14), KIKOVIC (15), GRIMM (16). Dies gilt auch für eine verlängerte und komplizierte Geburt, wenngleich hier durch die modernen Methoden und Hilfsmittel der Geburtshilfe eine Verringerung der interindividuellen Unterschiede herbeigeführt wird (Einleitung, Medikation, Eingriffe usw.).

Der Risikofaktor tritt hier in einem gewissen Prozentsatz als realisierte Ausstoßungstendenz einerseits und als erschwertes Geburtstrauma andererseits in Erscheinung.

3. *Die Psychotoxische Wirkung*
Die Vorstellung, daß die Placentarschranke den Feten vor Toxinen usw. uneingeschränkt schützt, ist angesichts zahlreicher Untersuchungsergebnisse nur sehr beschränkt aufrechtzuerhalten. So konnte bei starken Raucherinnen im Fetalblut eine ähnliche CO (Kohlenmonoxyd)-Konzentration nachgewiesen werden, wie im mütterlichen Blut, desgleichen eine erhöhte fetale Herzschlagfrequenz, SONTAG (18).

Die erhöhte fetale Aktivität bei emotionalem Trauma ist bereits mehrmals beschrieben worden (WHITEHEAD [19], SONTAG [20]), ebenso die erhöhte fetale Aktivität bei Ermüdung der Mutter (Sauerstoffmangel).

Die biologische Einheit Mutter/Kind, die Einheit der beiden Gefäßsysteme, wirkt sich bei den feindlich eingestellten und psychosomatisch gestörten Müttern für den Feten schädlich aus. Die psychische Störung der Mutter, die sich in der Störung ihrer endokrinen Abläufe spiegelt (erhöhte Adrenalinausschüttung usw.), bombardiert mit hoher Wahrscheinlichkeit bereits den Embryo und dann den Feten mit den Affektstoffen. Dieses

Bombardement muß vor allem in der Gruppe der Katastrophenmutter überaus intensiv sein auf Grund der starken Angst, Reizbarkeit und Labilität endokriner und nervöser Abläufe.

Man kann sich leicht vorstellen, daß das Kind auf diese Weise eine Traumatisierung und Sensibilisierung erleidet, die in einer Labilisierung des eigenen endokrinen Systems resultieren und die Frustrationstoleranz für postnatale Einflüsse bedeutend vermindern dürfte.

4. *Die physiologische Rhythmusstörung*

In seiner Abhandlung über die frühesten Objektbeziehungen verweist GREENE (21) auf die Wichtigkeit der fötalen Umweltfaktoren bestehend aus den vibratorischen Rhythmen von Puls, Atmung usw. der Mutter. Er sagt:

»Die mütterlichen Vaskular- und Pulsrhythmen bilden möglicherweise eine rhythmische Geräuschbarriere, die den Fötus von den äußeren Stimuli während der Fetalzeit abschirmen.«

Diese Rhythmen bilden nach GREENE für den Fötus eine »kontinuierliche akustisch-vibratorische Umwelt«, und er macht glaubhaft, daß das Geburtstrauma zu einem guten Teil aus dem Verlust dieser Rhythmen besteht, wobei das Neugeborene versucht, diese Rhythmen an der Mutterbrust, beim Säugen, Wiegen usw. fortgesetzt zu finden.

Untersuchungen von SIMON (22) weisen die außerordentliche Rhythmussensibilität des Neugeborenen nach. SIMON zeigte u. a., daß Neugeborene sich wohl beim Anhören des von ihren Müttern aufgenommenen Herzschlages schnell beruhigen, dagegen aber von einem im gleichen Takt schwingenden Metronom beunruhigt werden, und auf die Herztöne fremder Mütter nicht reagieren.

Es ist nun klar, daß die Mütter mit der negativen Einstellung zur Schwangerschaft auf Grund ihrer größeren Reizbarkeit, emotionalen Labilität, Aggressivität usw., hier besonders wieder die negative Extremgruppe 4, verglichen mit den »Idealmüttern« in viel höherem Ausmaß zu einem Wechsel in ihren Puls-Atem- und Vaskularrhythmen neigen. Sie erzeugen damit für den Feten eine Interferenz zu den gewohnten Rhythmen und sorgen für eine dysharmonisch sich wiederholende arhythmische Diskontinuität in seiner akustisch vibratorischen Umwelt. Daß diese Arhythmie mit einer kleinen Latenzzeit noch dazu auf den Feten selbst übergreift, konnte von Sontag (1969) nachgewiesen werden. Er (23) zeigte auch, daß die Labilität und Stabilität der Herzrhythmen von der Fetalzeit bis in das frühe Erwachsenenalter konstant blieb.

Diese physiologische Rhythmusstörung der Mutter ist damit für die Entwicklung des Feten von großer Bedeutung. Wir können auch annehmen, daß die Sichtweise Rascovsky's (24): »In der Fetalzeit werden die instinktiven Spannungen in gleichmäßiger und ununterbrochenen Form befriedigt auf Grund des ständigen und ununterbrochenen Versorgungsflusses über die Nabelschnur« nur von relativer Gültigkeit ist, und am ehesten für die ideale Mutter, keinesfalls aber für die Katastrophenmutter Geltung haben kann, da hier mit der Dysharmonie in den endokrinen und vegetativen Abläufen auch Interferenzen in der fetalen Versorgung auftreten dürften. So z. B. klagte die Katastrophenmutter auch in signifikanter Weise über starke Ermüdung. Sowohl bei Ermüdung der Mutter als auch bei starken Affekten konnte aber wiederholt eine durch den Sauerstoffmangel bedingte Aktivität des Feten beobachtet werden (s. o.).

Unsere Schlußfolgerungen und Beobachtungen bewegten sich bisher hauptsächlich auf dem eher äußerlichen Niveau biochemischer und physiologischer Gegebenheiten und der Verhaltensbeobachtung.

Es stellt sich an dieser Stelle die Frage nach der subjektiven Bedeutung dieser Phänomene für das Erleben des Feten und Neugeborenen.

5. *Das Trauma der fetalen Unlust*

Von Liley (25) haben wir Beobachtungen über einen fetalen alpha-Rhythmus, der dem des dämmrigen Wachzustandes beim Neugeborenen entspricht. Das Schreien des Neugeborenen wird sicherlich nicht zu Unrecht in den meisten Fällen als eine Äußerung der Unlust verstanden. Die über das EEG indirekt erschlossene Erlebnisfähigkeit des Feten ist von der des Neugeborenen nicht zu unterscheiden.

Darüber hinaus haben wir eine gründliche Arbeit über den Nachweis frühester Bewußtseinsinhalte von Kruse (26). Während Hall (27) ein relativ geringes Traummaterial von Gesunden analysierte, konnte Kruse in einem umfangreichen Traummaterial psychisch kranker Menschen neben Erinnerungsresten an die früheste Kindheit, an das Trauma der Geburt auch solche aus dem pränatalen Dasein des Menschen nachweisen. Neben lustbetonten Engrammen aus der Fetalzeit, die frühesten aus dem siebten Fetalmonat, wurden auch unlustbetonte ekphoriert.

Dies zeigt, daß bereits sehr, sehr früh eine Erlebnisfähigkeit beim Menschen vorhanden ist, auf jeden Fall schon lange vor der Geburt. GRABER (28) weist ausdrücklich auf die zahlreichen Unlustreaktionen hin, die bisher bereits beim Feten registriert werden konnten.

Es ist daher sehr wahrscheinlich, daß die oben beschriebenen physiologischen Rhythmusstörungen vom Feten als eine unzuverlässige Umwelt unlustbetont erlebt werden, genauso wie Unregelmäßigkeiten und Mangel in der Sauerstoffversorgung, das Bombardement mit den Psychotoxinen usw. KRUSE berichtet auch über fetale Panik und Wuterlebnisse.

Wenn GRABER daher das Befinden des Fetus »im Urraum des Uterus« als »hochgradige Geborgenheit« beschreibt, so dürfte dies weitgehend in der Gruppe der idealen Mutter der Fall sein, am wenigsten jedoch in der Gruppe der am feindlichsten eingestellten Mutter, hier dürften Panik und Wut als Erlebensqualitäten des Feten gar nicht so selten vorkommen, wie das vermehrte Auftreten von regelrechten Schreianfällen bei den Neugeborenen dieser Gruppe vermuten läßt.

6. *Die telepathischen oder Psi-Wirkungen*

Dieser Kommunikationskanal zwischen Mutter und Kind scheint einer der wesentlichsten zu sein, wenngleich an seiner Existenz häufig gezweifelt wird.

Es lassen sich zwei Wirkungsweisen unterscheiden:

a) *biologische* und *physiologische* Veränderungen am Objekt.

So konnte z. B. Dr. BERNARD GRAD von der McGill-Universität in Montreal nachweisen, daß Gerstenkörner weit besser gediehen, wenn sie mit Wasser aus einer Flasche begossen wurden, die ein psychischer Heiler in der Hand gehalten hatte, als wenn sie mit normalem Leitungswasser getränkt wurden. Erstaunlich war auch, daß das Wasser aus den Händen von psychiatrisch Depressiven das Wachstum der Pflanzen hemmte (36).

SEROW und TROSKIN (29) konnten demonstrieren, daß sich die Zahl der weißen Blutkörperchen nach der Suggestion positiver Emotionen um 1.550 pro Einheit erhöhte, nach der Übermittlung von negativen Emotionen jedoch um 1.600 verminderte. Dies bedeutet, daß die Widerstandskraft des Organismus bei der Erzeugung positiver Emotionen gestärkt, bei negativen Emotionen geschwächt wird.

SCHWARZ (30) konnte bei der Untersuchung von über fünfhundert Fällen von Telepathie zwischen Kindern und Eltern zahlreiche augenfällige telesomatische und telemotorische Reaktionen nachweisen: »Es schien, als ob der Gedanke von Eltern an ein Kind oder umgekehrt, bei dem anderen physische Reaktionen hervorrief«, vor allem schien es eine Art von »Sympathieschmerz« zu sein, der sich von einem Familienmitglied auf das andere übertrug.

PAWLOWA (31) berichtet, daß die Teleübertragung negativer Emotionen eine Ermüdungsaktivität des Gehirns beim Empfänger bewirkte. Es kamen im EEG hypersynchrone Wellen des Delta- und Theta-Typus zum Vorschein. Die Empfänger selbst empfanden subjektiv Unlust und vor allem starkes Kopfweh.

FIGAR (37) zeigte, daß intensive geistige Tätigkeit in einem Mann über eine Entfernung hinweg eine leichte Veränderung im Blutvolumen einer ruhenden Person verursachte. Dies konnte mit einem Pletysmographen registriert werden.

Neben diesen biologischen und physiologischen Veränderungen am Empfänger durch die Kraft der Gedanken ist vor allem auch b) die *Übertragung von psychischen Inhalten* von Bedeutung.

NAUMOW (32) berichtet über seine Untersuchungen an einer Moskauer gynäkologischen Klinik: »Die biologischen Bande zwischen Mutter und Kind sind unbestritten.

In der Klinik befinden sich die Mütter und Kinder in getrennten Abteilungen. Sie sind völlig isoliert. Und doch zeigt eine Mutter sofort Anzeichen von Nervosität, wenn ihr Baby weint. Oder die Mutter bekommt Angstzustände, wenn das Baby Schmerzen hat.« NAUMOW konnte eine solche Beziehung in 65 Prozent aller Fälle nachweisen.

Die Konsequenzen, die aus Forschungsergebnissen dieser Art für unsere eigene Fragestellung gezogen werden müssen, sind weitreichend. Nirgends in der Natur existiert eine solch innige Beziehung wie zwischen Mutter und Kind. Diese Beziehung ist sicher eine wechselseitige und wie LILEY 1967 berichtet, ist der

Fötus sicherlich nicht der »träge Passagier«, für den er im allgemeinen gehalten wird, »sondern bestimmt normalerweise die Dauer der Schwangerschaft und induziert die körperlichen Veränderungen der Mutter«. Letzten Endes ist es aber doch die Mutter, die in dieser wechselseitigen Beziehung dominiert, und der Fetus ist der abhängige, völlig auf den Schutz der Mutter angewiesene Teil dieses Systems, das von GRABER als »Dualeinheit« und von SIMON als »Biade« bezeichnet wurde.

LEONARDO DA VINCI (33), der sich ebenfalls bereits mit dem Problem des vorgeburtlichen Lebens auseinandergesetzt hat, schreibt dazu in seinen *Quaderni:* »Ein Wille, eine Angst, ein starkes Verlangen, das die Mutter hat, oder eine Qual in ihrem Gemüt hat mehr Macht über das Kind als über die Mutter, da dadurch das Kind häufig das Leben verliert.«

Kehren wir die Ergebnisse von NAUMOW um, wonach 65 Prozent der Mütter eine erstaunliche telepathische Sensibilität für den Zustand ihrer Kinder besitzen, so muß die telepathische Sensibilität des Kindes für Emotionen der Mutter ebenfalls enorm hoch sein. Wie die sowjetische Psi-Forschung (38) nachweisen konnte, ist es unter anderem vor allem die Intensität der Emotion, die bei telepathischen Übertragungen von Bedeutung ist. Dies soll nun durch die Forschungsergebnisse von OLIVES (34) verdeutlicht werden.

OLIVES gelang es mit Hilfe der »Dianetik«, einer fokalen Hypno- oder Narkoanalyse, die Erinnerungsfähigkeit von Patienten bis vor die Geburt hin auszudehnen. Die Patienten ekphorierten dann, in der typischen, eingerollten, fetalen Haltung Traumata aus der Fetalzeit in überaus dramatischer Weise und konnten so von Phobien geheilt werden, die sich in der gewöhnlichen Psychoanalyse als behandlungsresistent erwiesen hatten.

Diese traumatischen Ereignisse, die als Makrotraumen bezeichnet werden können, bestanden aus schweren und intensivsten Erlebnissen der Mutter während ihrer Schwangerschaft, z. B. war die Mutter eines Patienten mit einer hartnäckigen Angst vor Feuer in der Schwangerschaft beinahe in einer Feuersbrunst umgekommen. In einem anderen Falle konnte die Ursache für die Weltängstlichkeit eines Patienten in dem Versuch der Mutter erkannt werden, das Kind mittels Stricknadeln abzutreiben.

OLIVES führt noch eine ganze Serie ähnlicher Beispiele an,

die uns zeigen, wie eine intensive Sorge der Mutter, ein traumatisches Erlebnis, Angst und Depression, abartiges Verhalten usw. sich dem Kinde während der Schwangerschaft als Engramm eingraben, um entweder dauernd als Depression, Charakterstörung im postnatalen Leben des Kindes weiterzuwirken oder um an einer ganz bestimmten Stelle im Leben des nunmehr Erwachsenen, in einer Schlüsselsituation, die der Situation der Mutter zu dem kritischen Zeitpunkt ähnlich ist, zu einer Lebenskrise zu führen.

Auf telepathischem Wege wird das Erleben der Mutter zu dem Erleben des Kindes.

Im Falle der feindlichen Ablehnung mit ihrer bewußten Komponente der offenen Aggression und ihrer unbewußten Komponente, die sich als übertriebene Sorge und Ängstlichkeit um die Gesundheit des Kindes kundtut, ist das Kind im Mutterleib noch dazu das Objekt, auf das diese negativen Emotionen gerichtet sind, es ist nicht nur der zufällig anwesende Zuschauer, wie es in den meisten Fallbeispielen von Olives gezeigt wird.

Es ist mit großer Wahrscheinlichkeit anzunehmen, daß die Mutter, entweder als eine liebende, glückliche harmonische oder als eine hassende, leidende, dysharmonische, bereits während der Schwangerschaft dem Kinde Leitlinien für seine spätere nachgeburtliche Entwicklung aufprägt.

Zum Beispiel wird die Entstehung des Urmißtrauens von Erikson als eine Reaktion auf das Abgelehntwerden in der frühesten Postnatalzeit angesehen, es ist jedoch anzunehmen, daß dieses Urmißtrauen oder im positiven Sinne das Urvertrauen bereits vorgeburtlich durch die entweder negative oder positiv glückliche Beziehung der Mutter zur Schwangerschaft, zum Kind, angelegt wird.

Wir erinnern an dieser Stelle an das auffällige Verhaltenssyndrom des hyperaktiven Schreiens, das dann in eine apathische Unansprechbarkeit umschlug und in der Gruppe der extrem negativ eingestellten Mütter am häufigsten, bei den am positivsten eingestellten Müttern nicht vorgefunden wurde.

Unsere neuzeitliche Wissenschaft mit den Methoden systematischer Verhaltensbeobachtung, biologischer und biochemischer Analysen und der Entdeckung und dem wissenschaftlichen Nachweis der Telepathie nähert sich damit lediglich dem, was im Volksglauben aller Kulturen von jeher verankert war: nämlich daß sich die Schwangere vor Aufregungen hüten müsse, vor starkem Erschrecken, da dies das Kind schädigen könne und am Kind auch sichtbare Eindrücke – Muttermale – hinterlassen könne.

Daß die Erziehung des Kindes mit der Zeugung beginnen sollte, dieses Wissen ist uns heute so gut wie unbekannt, ist jedoch in anderen Kulturen seit jeher sehr verbreitet. Eine überaus wohltuende Einstellung zum werdenden Leben finden wir als Ideal in der indischen Erziehung vorgezeichnet:

»Der geschlechtliche Akt ist eine feierliche Zusammenkunft zur Zeugung von Jivatman, dem göttlichen Wesen in menschlicher Form . . . Die Eltern dürfen ihr Leben nicht als Mittelpunkt betrachten . . . sie sollten sich immer freihalten von Furcht und jedweden Erregungen, physischen wie geistigen, sie sind dazu da, aus ihrem Körper und Geist eine geeignete Wohnstatt für das göttliche Wesen zu bereiten. Wie weit das Kind seine göttliche Bestimmung auf Erden erfüllen kann, hängt zu einem beträchtlichen Teil von den Eltern, besonders von der Mutter ab . . .« (SHARMA [35]).

In dem alt-indischen, medizinischen Werk *Bhava Prakasuka* finden wir nach SHARMA folgende Verhaltensmaßregeln für die Schwangere, die ein optimales Gedeihen des Kindes gewährleisten sollen:

»Von Anfang der Schwangerschaft an muß die Mutter ein reines Leben führen, nur weiße Stoffe tragen, nur angenehme Dinge denken und immer ein heiteres Gemüt bewahren. Sie soll süße und ölige Nahrung zu sich nehmen sowie gewisse, besondere Speisen. Sie muß den Anblick häßlicher Dinge und Personen vermeiden, sowie auch häßliches zu hören und zu sehen, da dies den Fötus schädigen könnte.

ARISTOTELES sagte: »Schwangere Frauen müssen für ihren Körper Sorge tragen, ihr Gemüt aber sollten sie von Sorgen freihalten, denn das werdende Kind nimmt vieles von der es tragenden Mutter an, wie die Pflanze von dem Erdreich, in dem es wurzelt.« (39)

Während derzeit die Schwangerschaft lediglich unter dem Aspekt der körperlichen Hygiene betrachtet wird, wird in Zukunft der psychohygienische Aspekt zunehmend beachtet werden müssen.

Es gibt kaum einen vernünftigen Grund, warum die von der

Entwicklungspsychologie und der Entwicklungsbiologie aufgefundene Gesetzmäßigkeit, daß die Bedeutung einer Schädigung um so größer ist, je früher sie in der persönlichen Entwicklung auftritt, nicht auch für die vorgeburtliche Entwicklung des Menschen Geltung haben sollte.

Daß dabei die emotionale Haltung der Mutter zur Schwangerschaft von überragender Bedeutung ist, wurde aufzuzeigen versucht.

Literatur:

1. Flamm, D. H. (1969): *Die pränatalen Infektionen des Menschen,* Stuttgart.
2. Hale, F. (1935): »The relation of Vitamin A to anophtalmia in pigs«, *Americ. J. of Ophtalmol,* 18, S. 1087–1091.
3. Stern, E. (1953): *Über Verhaltens- und Charakterstörungen bei Kindern und Jugendlichen,* Zürich: Rascher.
4. Frazier, T. M. (1961): »Cigarette smoking and prematurity: a prospective study«, *Americ. J. Obstetr. and Gynec.,* 81, S. 988–996.
   ad 4. Hellmann et al. (1961): »Some factors affecting fetal heart rate«, *Am J. Obstetr. and Gyn.,* 92, S. 1055–1063.
   Sontag, L. W. u. Wallace, R. F. (1953): »The effect of cigarette smoking during pregnancy upon fetal heart rate«, *Am. J. Obst. Gyn.,* 29, p. 77.
5. Russel: zit. nach Skriptum SOSEm 72 Univ. Sbg. Praenat. Ps.
6. Sontag, L. W. (1969): Paper abstract f. Boston Annual Meeting, Boston.
7. Congress Abstracts (1971): 4th. congress for Psychosomatics in Obstetr. and Gynecology, London.
8. Nilsson, A. u. Almgren, P. E. (1970): »Paranatal emotional adjustment. A prospective investigation of 145 women«, *Acta psichiatrica Scandinavia Supplementum 220,* Copenhagen.
9. Ferreira, A. J. (1965): »Emotional factors in prenatal environment«, *J. Nerv. and Mental Deseases,* 141, S. 108–114.
10. Turner, E. K. (1956): »The Syndrome in the Infant resulting

from Maternal emotional Tension during pragnancy«, *Medical J. Australia,* 1, S. 221–222.

11. Thompson, W. R. u. Sontag, L. W. (1956): »Behavioral effects in the offspring of rats subjected to audiogenic seizure during the gestational period«, *J. Comp. Physiolog. Psycholog.,* 49, S. 454–456.
12. Ader/Conklin, P. M. (1965): »Handling of pregnant rats: effects of emotionality upon their offspring«, *Science,* 142, S. 411–412.
13. Kaskarelis: The psychosomtic aspect of habitual abort (s. o. 7).
14. Vandenberg (1967): »Seel. Erkrankung bei Frauen mit habituellem Abort«, *Psyche,* 21, S. 419f.
15. Kikovic: A neurotic component in habitual abortion (s. o. 7).
16. Grimm, E. R. (1962): »Psychological Investigation of habitual abortion«, *Psychosomat. Medicine,* 24, S. 369–378.
17. Haddon, M. et al. (1961): »Smoking and Pregnancy carbon-monoxyde during gestation and at term«, *Obstet. Gynec.,* 18, S. 262–267.
18. Sontag, L. W. u. Wallace, R. F. (1935): »The movement response of the Human fetus to sound stimuli«, *Child development,* 6, S. 253–258.
19. Whitehead, J. (1867): »Comvulsions in utero«, *Brit. Med. J.,* 2, S. 59.
20. Sontag, L. W., et al. (1969): »The fetal and maternal cardiac response to environmental stress«, *Human Development,* 12, S. 1–9.
21. Greene, W. A. (1958): »Early object relations, somatic, affective and personal: an inquiry into the physiology of mother-child unit«, *J. Nerv. Ment. Diseas,* 126, S. 225–253.
22. Simon, W. C. (1973): Unveröffentl. Untersuchung bzw. Vortrag Ispp/Paris.
23. Sontag, L. W. (1963): »Somatopsychics of personality and body function«, *Vita Humana,* 6, S. 1–10.
24. Rascovsky, A. (1960): *El Psiquismo fetal,* Buenos Aires: Paidos.
25. Liley, A. W. (1967): *Einfluß der pränatalen Entwicklung auf die Entwicklung des Kindes,* Auckland.
26. Kruse, F. (1969): *Anfänge des Bewußtseins,* Stuttgart.

27. HALL, C. S. (1967): »Are prenatal and birth experiences represented in dreams?«, *Psychoanalyt. Review*, 54, 1, S. 157 bis 174.
28. GRABER, H. G. (1972): *Neue Beiträge zur Lehre und Praxis der Psychotherapie*, München: Goldmann.
29. SEROW u. TROSKIN: *Psychotherapy in the Soviet Union*, Hrsg. R. Winn, New York, 1961.
30. SCHWARZ, B. (1967): Possible Telesomatic Reactions, *Journ. Med. Soc.*, 64, Nr. 11.
31. PAWLOWA, L. P. (1967): *Ergebnisse und Diskussionen über die Experimente mit Nedra 20*, Referat aus d. Sem. über d. Technol. d. Parapsychologie, Moskau.

Walter T. Haesler

Die Strafanstalt – Ort der Zuflucht, Ort der Wandlung?

Man kann sich fragen, was denn wohl der Strafvollzug mit pränataler Psychologie zu tun hat.

Ich glaube kaum, daß ein Strafvollzugspraktiker hier Parallelen sähe – dem Psychologen mag es aber anders ergehen.

Der Uterus ist ein Ort der Zuflucht, in den man zwar – viele werden sagen: leider – nicht mehr zurückkann, in dem es einem aber sehr wohl war, man war geschützt, hatte keine Pflichten, konnte sich dem bloßen Sein hingeben, und trotzdem geschah schon viel. Die Geburt ist eine Wandlung dieses Zustandes. Man geht nach außen, man wird hinausgeschoben oder sogar herausgezogen in ein total anderes Milieu, in eine kalte Welt, wo der Urschrei, um etwas abgewandelt mit Janov zu sprechen, der Schrei des ganzen Elendes ist, die Geborgenheit verloren zu haben – für immer.

Aber die Strafanstalt? Kann sie eine Zuflucht bedeuten, kann man sie mit einem Uterus überhaupt vergleichen, und kann man sich wandeln während der Zeit des Dortseins, bzw. bedeutet die Entlassung einen Wandlungsvorgang.

Ich habe dieses Referat ohne spezielle empirische Untersuchungen über diese Problematik vorbereitet, ich habe aber doch mehr als zwei Jahrzehnte Arbeit mit Strafgefangenen in fünf verschiedenen Anstalten der Schweiz hinter mir, und das Thema, das hier abgehandelt werden soll, kam explizite und implizite oft zur Sprache. Betrachten wir zuerst die Anstalt als einen Ort der Zuflucht. Zuflucht sucht man, wenn man Ruhe und Frieden sucht, Zuflucht braucht man aber auch, wenn man auf der Flucht ist, also vor etwas davonrennt und sich schützen möchte. Für die Insassen einer Strafanstalt bedeutet der Aufenthalt aber eine Zwangsmaßnahme. Sie selbst wünschten ja keineswegs, dorthin zu kommen. Und doch kann man von einer Art Zuflucht sprechen. Einmal gibt es Verwahrungsgefangene, die sich in der Freiheit einfach nicht halten können und immer wieder rückfällig werden, wobei es sich zur Hauptsache um Kleinkriminalität handelt. Für diese bildet die Anstalt einen ruhenden Pol. Da kann ihnen nichts geschehen, da haben sie vor sich selbst Ruhe, da kommen sie nicht dauernd in Versuchung. Ich kenne Männer, die kleinere Delikte begingen, nur um sich selbst vor sich zu schützen und um wieder in die »Geborgenheit« der Anstalt zurückzukehren. Hierher gehören auch jene Landstreicher und Kleinkriminellen, die sich früher den Winter über einsperren ließen, um ein Dach über dem Kopf und Wärme um sich herum zu haben, nicht zu vergessen auch um sich gratis füttern zu lassen. Auch hier bedeutete die Anstalt ein Ort der Zuflucht, wo man zudem oft schon bekannt war und wo auf die kleinen Eigenheiten sogar Rücksicht genommen wurde, was »draußen« nicht unbedingt der Fall war!

Eine weitere Kategorie von Anstaltsinsassen kann die Anstalt als eine Art Zufluchtsort betrachten, nämlich jene, die in der freien Welt nie Geborgenheit kannten. Für solche Leute, die jung oder alt sein können, bilden die Anstaltsangestellten eine Art Ersatzfamilie. Was heute von psychologischer Seite versucht wird, war eigentlich – wenn auch nicht wissenschaftlich begründet – vorhanden, indem nämlich in jeder Anstalt der eine oder andere Aufseher so viel menschliche Qualitäten hatte, daß er in eine positive Beziehung zu diesem oder jenem Gefangenen treten konnte.

Daß die Strafanstalt als eine Art Zufluchtsort betrachtet werden kann, dafür sorgen heute weitgehend die Psychologen und Psychotherapeuten, denn sie möchten den Gefangenen den Aufenthalt in der Anstalt positiv gestalten helfen, positiv in dem Sinne, daß sie die Anstalt als einen für die Insassen wichtigen Ort, der eine Brückenposition hat, auffassen. Es soll ein Ort sein, wo sie einmal zur Besinnung kommen und wo sie eine Art Geborgenheit erleben, geschützt sind vor sich selbst, geschützt vor den Mitmenschen draußen mit all den Versuchungen, die damit zusammenhängen, ein Ort, wo sie daran gehindert werden, zumindest während der Dauer des Vollzuges, wieder ins alte Fahrwasser zurückzukehren.

Dies alles ist aber nicht möglich – wenn man in die Zukunft, die für die meisten doch in einer Entlassung besteht, blickt –, ohne gewandelt zu werden. Dies ist der zweite Punkt dieses kurzen Referates.

Während der Schwangerschaft wandeln sich Ei plus Samenzelle zu einem Menschen, der dann als solcher geboren wird. Später wandelt sich das Neugeborene über die Stadien des Säuglings, Klein- und Großkindes zum Pubertierenden und Adoleszenten und dieser schließlich zum Erwachsenen, um im Greis dann wieder zu erlöschen. Diese Wandlung, d. h. nach der Geburt, geht nun nicht mehr rein biologisch vor sich, sondern es sind die unüberschaubaren und oft auch schlecht in Grenzen zu haltenden äußeren Umstände mitbeteiligt: das Milieu. Auch in dieser Hinsicht, wie biologisch, ist der Mensch in einem dauernden Zustand der Wandlung.

Auch die Strafanstalt kann zur Wandlung des Menschen, der sich darin aufhalten muß, beitragen. Wie kann diese Wandlung vor sich gehen? Kann sich der Anstaltsinsasse tatsächlich grundlegend wandeln und – soll er überhaupt gewandelt werden?

Man sagt, die Strafanstalten seien Verbrecherfabriken, man werde also erst eigentlich zum Kriminellen darin. Dies ist möglich, besonders in Mammutanstalten. Die Anstaltsleitung hat keinen Überblick, die Anstaltsinsassen haben oft keine sinnvolle, wenn überhaupt eine Arbeit, sie haben an nichts zu denken als an Fluchtpläne und leben ohne innere Führung dahin. In kleineren Anstalten, in denen maximal 300 Insassen untergebracht sind, meist aber weniger, da dürfte man noch etwas Zeit aufbringen, dem Insassen zu helfen, daß er sich wandelt. Dies scheint mir wichtig: Nur sehr wenige Insassen von Strafanstalten dürften sich von allein wandeln, denn dazu sind sie in der Regel doch zu schwach und müssen erst auf den Gedanken gebracht werden. Untersuchungen in vielen Ländern haben gezeigt, daß die meisten Anstaltsinsassen schlechten Milieueinflüssen ausgesetzt waren und sich nie einen inneren Halt aufbauen konnten. Dies sollte nun ein Anliegen des Strafvollzugs sein, hier Nacherziehung zu leisten, dem Insassen zu helfen, sich selbst zu finden, um sich dann so wandeln zu können, daß er mindestens nicht mehr straffällig wird. Daß dies bisher nicht der Fall war, zeigen die Statistiken aus allen Ländern.

Um die Wandlung überhaupt herbeizuführen, muß das ganze Problem des heutigen Strafvollzugs, auch bei uns in der Schweiz, aufgerollt werden. Die Personen, die am meisten mit den Insassen zu tun haben, sind die Aufseher und Werkmeister. Bis heute ist es aber in vielen Ländern nicht gelungen, eine sinnvolle Schulung der Aufseher in die Wege zu leiten. Wohl bestehen auch bei uns in der Schweiz seit Jahren Kurse, deren Dauer aber mit einem Tag pro Jahr bis zu maximal einem Monat während der gesamten Laufbahn eines Aufsehers und Werkmeisters viel zu kurz bemessen ist. Es werden jetzt von privater Seite aus Anstrengungen unternommen, hier eine Besserung herbeizuführen. Unsere Anstalten sind mit Sozialarbeitern unterbesetzt. Es ist unmöglich, als Sozialarbeiter 150 bis 300 Insassen zu betreuen. In gewissen Anstalten gibt es Lehrer, die, genauso wie die Pfarrer, die im Strafvollzug arbeiten, überhaupt nicht vorbereitet werden auf ihre Arbeit, die doch wenigstens zum Teil ganz anders ist als »draußen«. Auch die Anstaltsleiter sind in den seltensten Fällen Pädagogen, aber selbst diese erhielten keine Sonderausbildung für ihre Arbeit, weil es eben diese Ausbildung nicht gibt. In der Schweiz haben wir auf dem Papier zwar eine Aufteilung nach verschiedenen Anstaltstypen, in der Realität warten wir aber seit dreißig Jahren auf gewisse Anstalten: Eine sozialtherapeutische Anstalt wurde gerade jetzt von privater Seite her als Rahmenplan den Behörden nahegebracht.

Es kann meiner Ansicht nach nur in einem therapeutischen Milieu zu einem wirklichen Wandlungsprozeß kommen, wobei wir aber, wenn wir all das berücksichtigen, was zur Kriminalität geführt hat, nicht erwarten können, daß jeder Insasse eine Anstalt gewandelt verläßt.

Um gewandelt zu werden, muß man sich zuerst innewerden, daß etwas fehlt, daß etwas schiefgelaufen ist bisher und daß es im Interesse aller besser wäre, man würde das Leben anders anpacken. Dies dürfte bei vielen Insassen nicht so ohne weiteres von allein vor sich gehen, sondern es bedarf der Assistenz eines anderen Menschen. Dies kann ein Aufseher, ein Werkmeister, der Sekretär, der Sozialarbeiter, ein Pfarrer oder ein Psychotherapeut sein. Gerade im Strafvollzug hat sich doch da und dort die Gruppentherapie als hilfreich erwiesen. Hier sahen die Mitglieder vielleicht zum erstenmal, daß andere dieselben Sorgen haben wie sie, sie sahen, wie andere Probleme lösen, wie man sich gemeinsam etwas erarbeiten kann und daß auch der Therapeut, der dabeisitzt, hie und da eine Anregung ins Gespräch wirft. Einzelne müssen dann wohl auch in Einzeltherapie genommen werden, bei wenigen mag dies eine Psychoanalyse sein. Immer aber, und das haben wohl erst die letzten Jahre richtig klarwerden lassen: Man kann nicht einen Kriminellen wieder ins selbe Milieu zurückschicken. Es gilt also auch, das Milieu, in das er zurückkehrt, zu »behandeln«. Frauen, Bräute, Mütter, Väter, Brüder müssen ebenfalls einbezogen werden, ja hie und da auch zukünftige Mitarbeiter und Chefs. Da und dort hat sich dies in der Schweiz schon angebahnt, nicht zuletzt durch die durchgehende Fürsorge, wie sie heute z. B. im Kanton Zürich dem kriminell Gewordenen gewährt wird. Ganz generell muß aber auch immer wieder darauf hingewiesen werden, daß auch die Allgemeinheit ihr Verhalten dem Kriminellen gegenüber ändern muß, der nach seiner Strafverbüßung nicht noch einmal durch Verachtung, durch hämisches Getuschel und Rückendrehen bestraft werden darf. Dies ist allerdings noch ein weiter Weg. Wenn wir von Rückfälligen sprechen, vergessen wir all jene, die nur einmal sich gegen das Gesetz vergingen und für die der Aufenthalt in einer Anstalt ein Schock bedeutete, vielleicht sogar eine Wandlung beinhaltete.

Unsere Anstalten haben, und dies ist wohl universell, viel zu wenige, wenn überhaupt, Fachmitarbeiter, die Psychologen und Psychotherapeuten sind. Dieser Zustand sollte sich möglichst rasch ändern, will man mehr Insassen zu einer Wandlung führen, die zwar in ihnen vor sich gehen, aber oft von außen angeregt werden muß. Das Aufsichts- und Werkmeisterpersonal sollte fachlich so ausgebildet werden, wie dies, als Parallele, beim Krankenhauspersonal der Fall ist. Wenn der Fachmitarbeiter in einer Anstalt arbeitet, wo die Aufseher auf die Insassen eifersüchtig sind, weil man sich ihrer Ansicht nach zu sehr mit diesen beschäftigt, dann nützt auch die beste Therapie nichts. Die Basis muß zuerst geschaffen werden, sonst liegt nachher alles im argen. Man ist um eine Enttäuschung reicher und kreidet das Nichtfunktionieren der Therapie dem Fachmitarbeiter an. Die Wandlung, die im Strafvollzug an sich möglich ist, ist nicht nur auf die jungen Insassen beschränkt. Man vergißt eben oft, daß auch ältere Menschen sich noch wandeln können. Hier ein Beispiel: In einer der Anstalten, in denen ich arbeitete, saß ein Mann, der im Laufe seines Lebens über zwanzig Jahre in Anstalten und Gefängnissen zugebracht hatte. Immer war er wieder rückfällig geworden, aber auch die Umwelt, speziell die Behörden, hatten ihm böse mitgespielt. Er glaubte schon lange nicht mehr an sich und war verzweifelt, d. h. er arbeitete nicht mehr an sich. Nun traf er aber in dieser Zeit – er mußte fünf Jahre als Verwahrungsgefangener absitzen – sowohl mit dem Aufsichtspersonal als auch mit dem Leiter und dem Psychologen auf Menschen, die sich für ihn interessierten, die sich stundenlang mit ihm unterhielten, die sein früheres Leben durchleuchteten. Man riet ihm, auch im vorgeschrittenen Alter – er war über vierzig – eine Lehre zu machen, um auf diese Weise »jemand zu sein«. Er war ein äußerst tüchtiger Handwerker, gewann Gefallen an der Sache, war auch in der Schule tüchtig und schloß mit besten Leistungen ab. Während dieser Zeit gewann er Selbstvertrauen, er lernte, ein Eigenwertgefühl zu bekommen, er sah, daß nicht alles hoffnungslos war – kurz es begann sich eine Wandlung anzubahnen. Heute, nach fünfzehn Jahren, ist der Mann schon lange verheiratet, hat einen guten Posten, hilft, wo er kann und wurde, was hier wohl selbstverständlich ist, nicht mehr rückfällig. Wir brauchen im Strafvollzug vor allem »Menschen«, die über ihre eigenen Schwächen wissen, die keine Paragraphenreiter sind und dem andern, hier also dem Strafgefangenen, unvoreingenommen entgegentreten. Sicher wird man häufig enttäuscht bei dieser Arbeit, aber immer wieder sieht man, daß sich ein Mensch während seines Anstaltsaufenthaltes wandelt, denn, obwohl, wenigstens in der Schweiz, alle Insassen arbeiten müssen, haben sie doch noch sehr viel Zeit, sich mit sich selbst zu beschäftigen, wenn sie nur wollen.

Der Präsident unserer Gesellschaft, G. H. Graber, veröffentlichte in *Neue Beiträge zur Lehre und Praxis der Psychotherapie* den Traum einer Patientin, in dem sich diese im Gefängnis befindet. Sie sagt dann, noch im Traum: »Wie schön und sorglos hatte ich es doch im Gefängnis gehabt!«

Nun, ich brauche Ihnen hier nichts über den Sinn der Strafe zu sagen, aber Sie sind sicher mit mir darin einig, daß das Gefängnis nicht da ist, um es schön zu haben. Sie sind aber wohl ebenso mit mir einer Meinung, daß das Gefängnis als Freiheitsentzug ausreicht und nicht noch mehr Nebenstrafen nötig sind. Nun, vielleicht könnte man den Wandlungsprozeß eine »Nebenstrafe« nennen, die aber vielleicht das Wichtigste ist und etwas, das die Richter nicht in der Hand haben, die einfach nach einem bestimmten Paragraph eine bestimmte Strafe als Sanktion für ein Vergehen gegen das Gesetz aussprechen müssen. Die Strafanstalt ist neben Klöstern und Ashrams, wie wir sie aus Indien kennen, wohl bald der einzige Ort, wo man in sich gehen kann. In einer Strafanstalt, wo, hier wohl zum Besten der Insassen, Radio und Fernsehen die Freizeit nicht uneingeschränkt beherrschen, sollte es also möglich sein, eine Wandlung zu erleben, immer vorausgesetzt, das Milieu in der Anstalt wirkt irgendwie vorbildhaft und jeder einzelne merkt, daß er als Person ernstgenommen wird und man ihm helfen will, sich möglichst bald selbst zu helfen.

Die Türe, die wieder in die Freiheit führt, ist eng, zwei Personen gehen oft nicht gleichzeitig hindurch. So ist auch der Eintritt ins »normale« Leben dem Geburtsvorgang gleichzusetzen. Im Inneren der Anstalt war man irgendwie doch geborgen, so konnte z. B. der Gerichtsvollzieher nicht kommen, man war, wie ein Diplomat, in dieser Hinsicht wenigstens, exterritorial und immun. Man war an einem Ort, der eine Art Zuflucht war, wo man Essen und Trinken bekam, wo man sein Bett hatte, wo man allerdings, und dies muß sich auch ändern, kaum eigene Entschlüsse fassen durfte, sondern stets die andern in den Büros für sich agieren lassen mußte. Nun, nach dem Austritt, dort, wo keine Mauer mehr das Haus umschließt, in dem man nun wohnt, dort lauern wieder alle Gefahren, und man kommt oft wieder auf die schiefe Bahn. Dies muß aber nicht der Fall sein. Hat man eine Wandlung in dem Sinn, wie eben beschrieben, hinter sich, dann steht man der Welt und ihren Gefahren gewappneter gegenüber. Dazu ist zu sagen, daß die Wandlung ja eigentlich noch nicht vorbei ist, sondern noch ihre Bewährungsprobe bestehen muß, bzw. sicher noch weiter geht. Es ist also nötig, daß man den Mann oder die Frau nicht einfach ihrem Schicksal überläßt, sondern sie noch weiterhin betreut, sei dies individuell, sei dies in Gruppen Entlassener oder in gemischten Gruppen. Oft muß diese immer loser werdende Betreuung noch lange weitergeführt werden, bis man eben sieht, daß die Wandlung, die sich angebahnt hat, durchhält und der betreffende Mensch anders geworden ist. Wir müssen uns aber hüten, den Menschen bessern zu wollen und ihn zu einem Frommen in irgendeiner Weise zu machen. Wir sollen ihm nur helfen, seine positiven Möglichkeiten zu sehen und sie auszubauen.

In diesem Sinne kann die Strafanstalt ein Ort der Zuflucht und ein Ort der Wandlung sein und in diesem Sinne kann man sie, wenn auch nicht in allen Teilen, dem Leben im Uterus, dem

Gebärvorgang und dem Leben in der Welt nach der Geburt gleichsetzen.

Literatur:

Aktuelle Kriminologie: Hamburg: Kriminalistik Verlag 1969.

BITTER, W. (1957): *Heilen statt strafen,* Göttingen: Verlag für mediz. Psychologie.

CASSIERS, L. (1967): *Le psychopathe delinquant,* Bruxelles: R. Dessaert.

CLAYTON, T. (1970): *Men in prison, London:* Hamish Hamilton.

Collected Studies in Criminological Research: Strasbourg: Council of Europe 1968.

FENTON, N., et al. (1967): *The correctional community,* Berkeley Univ. of California Press.

GÖPPINGER, H. u. WITTER, H. (1970): *Kriminologische Gegenwartsfragen,* Stuttgart: F. Enke Verlag.

GRABER, G. H. (1973): *Neue Beiträge zur Lehre und Praxis der Psychotherapie,* München: Goldmann Verlag.

HAESLER, W. (1970): »Psychotherapie bei Delinquenten während des Strafvollzugs«, *Ztschr. f. Psychotherapie,* 3.

– (1969): »Einzel- und Gruppenpsychotherapie im Strafvollzug«, *Ztschr. f. Psychotherapie,* 1.

– (1971): »Psychotherapeutische Behandlung von Sexualdelinquenten«, in: *Kriminologische Gegenwartsfragen,* Stuttgart: F. Enke Verlag.

– (1968): *Gleichzeitige Gruppenpsychotherapie mit Insassen einer Strafanstalt und deren Gattinnen und Bräuten zu Hause,* Wien: Verlag der Wiener Medizinischen Akademie.

– *Frauen im Gefängnis,* Basel: Cratander AG.

HARBORDT, S. (1967): *Die Subkultur des Gefängnisses,* Stuttgart: F. Enke Verlag.

Le traitement des délinquants, Paris: Presses Univ. de France 1966.

MENNINGER, K. (1968): *Strafe – ein Verbrechen?,* München: Piper.

MERGEN, A. (1964): *Kriminologie morgen,* Hamburg: Kriminalistik Verlag.

Reuck, A. V. S. de u. Porter, R. (1968): *The mental abnormal offender,* London: J. & A. Churchill Ltd.

Stürup, G. K. (1968): *Treating the »Untreatable«,* Baltimore: John Hopkins Press.

Weiss, J. (1968): *Schweiz. Straf- und Maßnahmenvollzug der Gegenwart in der Perspektive moderner pönologischer Behandlungsmethoden,* Zürich: Juris Druck und Verlag.

Würtenberger, F. (1961): *Kriminologie und Vollzug der Freiheitsstrafe,* Stuttgart: F. Enke Verlag.

Kasuistische Beiträge

Elisabeth M. Hau

Prä- und perinatale Milieufaktoren als Ursachen für die Beunruhigung der Nachkriegsgeneration

Wenn hier von der Nachkriegsgeneration die Rede ist, so sind damit alle Menschen unseres Kulturkreises gemeint, die seit etwa 1939 geboren sind und zwar vorzugsweise in den vom Zweiten Weltkrieg unmittelbar berührten Ländern. Diese Menschen sind heute bis zu 34 Jahre alt.

Sie scheinen tatsächlich in ihrem Lebensstil, in ihren Lebensbedingungen und in ihren Charakterstrukturen, d. h. im Erleben und Verhalten, anders zu sein als die vor dieser Zeit geborenen Menschen.

Die Bedingungen, in die diese Nachkriegsgeneration hineingeboren worden ist, die Zeit von der Zeugung bis zum Ende der frühen Kindheit, scheinen sehr wesentlich das spätere Erscheinungsbild geprägt zu haben.

»Schwellensituationen« im menschlichen Leben sind in besonderem Maße geeignet, Triebschicksale zu erkennen, sei es nun in der individuellen Entwicklung eines einzelnen Menschen, seien es für ganze Gruppen charakteristische Verhaltens- und Erlebensstrukturen. Beim Übergang von der frühen Kindheit zur Schulkindzeit, in der Pubertät bis zur Findung der endgültigen Lebensform des Erwachsenen und an der Schwelle zum Alter werden die Bewältigungsformen, aber auch die Beunruhigungen wie im Scheinwerferkegel besonders deutlich sichtbar.

Auch signifikant gehäuft auftretende psychosomatische Erkrankungen mit den dazugehörigen Charakterstrukturen lassen Rückschlüsse zu auf epochale Umwelteinflüsse und ihre Auswirkungen, die in diesen Fällen zu Störungen und Fehlentwicklungen geführt haben, als pathologische Varianten allgemeiner, aber im Bereich des Normalen bleibender Tendenzen und Erscheinungen.

Die den folgenden Ausführungen zugrunde liegenden Untersuchungen wurden an vorwiegend jugendlichen Patienten durchgeführt, die mit psychosomatischen Erkrankungen in stationärer Behandlung waren. Es wurden für die Aussagen nur die statistisch signifikanten Ergebnisse verwertet. Diese Ergebnisse ähneln in hohem Maße den Ergebnissen der neueren soziologischen »Bestandsaufnahmen« und dem, was wir selbst täglich an Veränderungen in unserer mitmenschlichen und materiellen Umwelt spüren und feststellen.

Damit ein Lebewesen sich zu einem eigenständigen, lebenstüchtigen Individuum entwickeln kann, müssen auf seine leibseelischen Grundbedürfnisse spezifische Umweltreize und -angebote treffen. Die Grundbedürfnisse sind unveränderlich, jedenfalls in dem Zeitraum, den wir zu überblicken vermögen (d. h., seit wir den Menschen geschichtlich erfassen können, hat er sich in seiner Grundstruktur nicht verändert). Die Umweltreize, die über Lern- und Prägungsvorgänge zu der individual- aber auch kollektivspezifischen Charakterstruktur führen, d. h. zu quasi regelhaft ablaufenden Verhaltens- und Erlebensmustern, sind mehr oder weniger rasch ablaufenden Veränderungen unterworfen, von langdauernden konstant bleibenden Kulturepochen bis zu schnell wechselnden Moden.

Vermutlich wird unsere Kulturepoche in späteren Zeiten einmal globaler sowohl zeitlich als auch räumlich beurteilt werden, aber auch dann wird sicher im Zweiten Weltkrieg von 1939–1945 ein Einschnitt gesehen werden. Aus unserer geringen zeitlichen Distanz heraus wäre allerdings schon der Oberbegriff »Nachkriegsgeneration« zu generell, um im Sinne des Themas Aussagen machen zu können. So scheint es sinnvoll zu sein, Gruppen zu bilden von jeweils fünf Jahrgängen, von denen uns hier vor allem die zwischen 1939–1948 und die ab 1949 Geborenen interessieren, wobei sich folgende Gruppierung ergibt:

Geburt	15–20 Jahre	Alter 1973	Stichwort
1. 1939–45	1954–60	34–28	Katastrophe
2. 1945–50	1960–65	28–23	Überleben
3. 1950–55	1965–70	23–18	Wiederaufbau
4. 1955–60	1970–(75)	18–13	Beginnender
5. 1960–65	(1975–80)	13–8	Überfluß

Nachdem die ersten Anzeichen durch Milieueinflüsse bedingter

Störungen und Beunruhigungen so gut wie übersehen worden waren und nur den unmittelbar Beteiligten auffielen, nämlich die sich häufenden Schul-, Konzentrations- und Kontaktschwierigkeiten ab etwa 1947, wurden diese Störungen ab 1955 unübersehbar mit dem Einsetzen der ersten sogenannten »Halbstarkenkrawalle«. Das geschah genau zu der Zeit, als die Geburtsjahrgänge des Krieges den Höhepunkt der Pubertät erreicht hatten.

Die Pubertät ist in besonderem Maße geeignet, mehr als andere Lebensalter und Schwellensituationen, generelle Entwicklungstendenzen sichtbar werden zu lassen, weil sie die Jugendlichen in besonderem Maße und in verschiedenen Bereichen erstmals mit Situationen konfrontiert, die sie bewältigen sollen und dies je nach der in frühester Kindheit und pränatal vorbereiteten Charakterstruktur tun bzw. daran auch scheitern. Um zu verstehen, in welchem Zusammenhang die Beunruhigung der Nachkriegsgeneration, die deutlich wird mit deren Eintritt ins Jugendlichenalter, zu Milieueinflüssen steht, die um die Zeit der Geburt wirksam waren, sollen kurz die Bedingungen und Erscheinungen skizziert werden, die für die Pubertät charakteristisch sind.

In der Pubertät werden alle bislang als zuverlässig empfundenen Werte und Verhaltensmaßstäbe in Frage gestellt. Der Jugendliche begibt sich auf die Suche nach einem neuen Kontinuitäts- und Gleichheitsgefühl. Er ist bereit, bleibende Idole und Ideale als Wächter seiner endgültigen Identität aufzustellen. Es soll eine Integration stattfinden in Form einer Ich-Identität, die mehr ist als nur die Summe der Kindheits-Identifikationen. Es muß sich das Gefühl der Zuversicht bilden, daß der inneren Gleichheit und Kontinuität auch die Gleichheit und Kontinuität seines Wesens in den Augen der anderen entspricht.

»Das Ich ist der eigentliche Ort des psychischen Geschehens und Erlebens. Das Ich erlebt oder erlebt nicht, läßt einen Triebimpuls zum Gefühl werden oder nicht, gibt den Weg zu Motilität und Handlungen frei oder nicht, soll es sich nicht nur um Es-getriebene Durchbrüche handeln. Vermittlungen, Gewährenlassen, Kampf und Abwehr der Ansprüche der verschiedenen »Instanzen«, der verschiedenen Antriebsbereiche und der Realität sind Aufgaben des Ich. Es ist der Erfüller des Lustprinzips mit Hilfe des Realitätsprinzips. Es reguliert im Sekundärvorgang die Impulse und Tendenzen des Primärvorgangs mit dem Ziel,

Spannungen aufzuheben, aber auch anwachsen zu lassen und zu erhöhen, soweit seine Kapazität ausreicht und eine Befriedigung in der Realität möglich ist.«[1]

Die Jugendlichen sind oft nicht fähig, sich für eine Identität zu entscheiden. Um sich selbst zusammenzuhalten, überidentifizieren sie sich zeitweise bis zum Fanatismus, der Seitenblicke ausschließt, scheinbar bis zum völligen Identitätsverlust mit Gruppen und Massenidolen. Diese Erscheinungen treten natürlich nicht auf in einem sozialen Rahmen, der keine eigentliche Entwicklung zum Individuum zuläßt, in dem der einzelne Mensch auch psychisch in ein Kollektiv eingefügt bleibt.

Wird die frühkindliche Entwicklung ohne Störungen und grobe Erst-Verdrängungen durchlaufen, kommt es also nicht zu einer neurotischen Charakterstruktur, kann sich ein stabiles Ich entwickeln.

Der Jugendliche, der sich zu einem Individuum entwickeln will, hat in der Pubertät eine Reihe von Entscheidungen zu fällen bzw. vorzubereiten, die, falls sie ihm nicht von einem Kollektiv abgenommen werden, ein einigermaßen funktionstüchtiges Ich voraussetzen:

1. Er muß seine inzwischen voll funktionsfähige Sexualität in sein Leben, seine Person einordnen.
2. Die Beziehung zu den Eltern und damit zu den alten Autoritätsimagines muß neu gestaltet werden. Es muß zu einer gewissen Lösung von der unmittelbaren Führung kommen.
3. Der Jugendliche muß über seine Berufsentwicklung entscheiden und damit seine ökonomische Verselbständigung vorbereiten.
4. Es müssen Entscheidungen getroffen werden in Hinblick auf die mögliche Gründung einer eigenen Familie und die Eingliederung in die Gesellschaft.
5. Es wird eine aktive Stellungnahme verlangt zu Fragen der Religiosität, der Lebensplanung und Sinnfindung.

Um diese Entwicklungsaufgaben bewältigen zu können, muß der Jugendliche von seiner inneren Verarbeitung her, also von

---

[1] Hau (1965): »Ich-Organisation und die Struktur des Erlebens«, *Z. Psychosomat. Med.*, 11.

seiner Charakterstruktur her, die Möglichkeit haben, zu einer eigenen Individualität zu gelangen. In der Pubertät treten »Versuchungen« an den Menschen heran und aus ihm heraus, die mit einer geistigen, rationalen Distanz und Verarbeitung allein nicht zu bewältigen sind. Es tritt eine ungeheure Intensivierung des Erlebens auf. Der in seinem Triebleben nicht wesentlich Gestörte verhält sich den neuen Erlebnissen gegenüber in einer Weise, die man »experimentell vordringend« nennen könnte. Er ist weder hemmungslos noch übermäßig angstvoll zurückhaltend. Beide Verhaltensweisen, das Ängstlichsein in allen Schattierungen wie auch das Enthemmtsein, sei es nun aggressiv-destruktiv, sexuell-promiskuitär oder oral-gierig-unersättlich, sind bereits neurotische Verhaltensweisen, allerdings solche, die wir oft als typisch für die Jugend ansehen und die möglicherweise einer ganzen Jugendgeneration »den Stempel aufdrücken«.

Extremvarianten für ungehemmt aggressives, überexpansives Verhalten sind z. B. Halbstarke und Rocker. Den Gegenpol bilden die passiven Lebensflüchtlinge, die auch einen Teil der jugendlichen Selbstmörder stellen.

In der Jugend der Nachkriegsgeneration haben wir sehr akzentuiert, in den einzelnen Fünf-Jahres-Gruppen unterschiedlich stark vertreten, diese beiden Pole, nämlich einmal die sehr lautstarken Protestler, Rocker, Halbstarken und auf der anderen Seite die in Süchte, in Passivität flüchtenden Jugendlichen. Neben der Intensivierung des emotionalen Erlebens vollzieht sich in der Pubertät eine Ausweitung der erkennenden, kognitiven Funktionen in Richtung auf die Fähigkeit, Einsicht zu gewinnen in die Motive des eigenen Handelns, was der vertieften Entdekkung des Ich entspricht. Und es entsteht die Notwendigkeit zum aktiven, selbständigen Handeln.

Ein Jugendlicher kann nur dann zu einem eigenständigen, gesunden Erwachsenen werden, wenn er diese naturnotwendigen Aufgaben, die die Pubertät ihm stellt, zu lösen in der Lage ist.

Ein großer Teil der Störungen, der Verstimmungszustände und der allgemeinen Unzufriedenheit, über die Erwachsene klagen, liegt in der Nichtbewältigung dieser Pubertätsaufgaben begründet, was wiederum seine Grundursache darin hat, daß in allerfrühester Kindheit die entsprechenden Fähigkeiten nicht entwickelt, gestört oder durch Verdrängungsvorgänge den notwendigen Lernprozessen entzogen wurden.

»Vergleichende Untersuchungen an psychosomatisch erkrankten Jugendlichen der Geburtsjahrgänge der Vorkriegs-, Kriegs- und Nachkriegszeit« von T. F. Hau[2], bei denen 15 bis 25jährige Patienten der Jahrgänge 1935–38, 1939–48 und 1949–54 auf die Zusammenhänge zwischen pränataler und frühkindlicher Situation und der später auftretenden Erkrankung mit spezifischen Charaktererscheinungen verglichen wurden, kamen zu folgenden, statistisch abgesicherten Ergebnissen:

Die prä- und perinatale Situation der Vorkriegsgruppe ist, wie zu erwarten, nicht so belastend, daß schon gehäuft frühkindliche Symptome als Zeichen familiärer und persönlicher Desintegration auftreten. Körperliche rezente aktuelle Symptomatik steht im Vordergrund, die Gesamtzahl der Symptome ist in dieser Gruppe am geringsten verglichen mit anderen Gruppen. Die Kriegsgruppe dagegen ist besonderen prä-, perinatalen und frühkindlichen familiären Belastungen ausgesetzt durch:

zunehmende Abwesenheit und Berufstätigkeit der Mütter, zunehmende Abwesenheit der Väter bei mangelndem Ersatz von Vaterpersonen, durch gehäuftes Auftreten von Schwangerschaftsbeschwerden der Mütter, Geburtsschwierigkeiten und Wochenbettstörungen, durch zunehmende psychopathologische Phänomene der Eltern und Nachlassen der elterlichen Autorität.

Im Gegensatz vor allem zu der Vorkriegsgruppe fiel für die Jugendlichen der Kriegsgruppe in der frühkindlichen Situation ein emotionaler und affektiver Bezug zur Welt und zu den Beziehungspersonen auf der Grundlage eines vertrauenden und vertrauten Verhältnisses in weitem Maße aus, mit der Folge unterentwickelter Gefühlsfunktionen. Erst in der Nachkriegsgruppe ist wieder eine stärkere, wenn auch noch unsichere Bezogenheit auf stabilere Einbeziehung von Außenwelt-Objekten festzustellen.

In der Pubertät und der frühen Erwachsenenzeit zeigen die Geburtsjahrgänge des Krieges und der unmittelbaren Nachkriegszeit eine starke emotionale Labilität und Konfliktempfänglichkeit. Sie sind sehr wechselnd in ihren Stimmungen, dabei meist passiv-ängstlich und rückzugsbereit. Menschliche Kon-

---

[2] In: *Prax. Kinderpsych.*, 6 (1972).

takte bleiben oberflächlich und erscheinen ihnen oft auch unheimlich, die Welt wird als kalt und versagend erlebt. Diese Gruppe zeigte gehäuft frühkindliche psychische Symptome, die darauf hinweisen, daß die frühkindliche familiäre Situation schon so belastend war, daß Desintegrationen der kindlichen Erlebens- und Verhaltensweisen die Toleranzgrenzen der Verarbeitungsmöglichkeiten überschritten hatten. Es finden sich in dieser Gruppe gehäuft schizoide und depressive Merkmale.

Die frühkindliche Situation der Nachkriegsgruppe stellt sich etwas weniger belastend dar durch: vermehrte Anwesenheit der Mütter und Väter, allerdings bei zunehmender ganztägiger Berufstätigkeit der Mütter, mit der eine Abnahme des Stillens der Kinder verbunden ist. Es zeigt sich ein deutliches Nachlassen von Schwangerschaftsbeschwerden, Geburtsschwierigkeiten und Wochenbettstörungen. Der abnehmenden prä- und perinatalen Belastung steht allerdings eine Zunahme von gehäuft gestellten Erziehungsforderungen nach Bescheidenheit, Genügsamkeit und Gehorsamkeit gegenüber.

Die Nachkriegsgruppe zeigte eine gewisse Annäherung an die Lebensbewältigungsformen der Vorkriegsgruppe, doch weist die Symptomatik als Zeichen desintegrierter Problembewältigung in der Nachkriegsgruppe eine Zunahme auf; zwangsneurotische und hysterische Symptome nehmen gegenüber der Vorkriegsgruppe und der Kriegsgruppe zu.

Für das gehäufte Auftreten schizoider und depressiver neurotischer Erkrankungen und den entsprechenden neurotoiden Verhaltens- und Erlebensformen bei Gesunden ist sicher der letzte Weltkrieg als Milieueinwirkung verantwortlich zu machen: bei den damals geborenen Menschen, also den Geburtsjahrgängen von etwa 1939–1948.

Der Krieg und die unmittelbare Nachkriegszeit wirkte dabei mittelbar, nämlich über die durch die Kriegsverhältnisse extrem veränderte Familiensituation in Richtung emotionaler Labilisierung der Familienbeziehungen mit existentiell verunsicherter und verängstigter Grundstimmung. Die Mütter reagierten auch gehäufter mit mehr oder weniger unterdrückten Aggressionen auf Schwangerschaft und auf das Neugeborene als eine zusätzliche Belastung in der ohnehin existenzbedrohenden Kriegssituation bzw. den Notjahren nach dem Krieg. Die Kriegs- und Nachkriegsverhältnisse haben in den Familien gehäuft Konstellationen hergestellt, die bei Neugeborenen und Kleinstkindern zur Entstehung schizoider und depressiver Charakterstrukturen führen.

Dagegen ist die Ängstigung durch die Schwangerschaft und die damit verbundene Ablehnung des Kindes in den Jahren des Wiederaufbaus und der Konsolidierung nicht mehr so extrem. Die Gefühlseinstellung der Mutter zu dem ungeborenen Kind und dem Neugeborenen ist weit positiver als in dem vorhergehenden Kriegs- und Nachkriegsabschnitt. Erst das heranwachsende Kleinstkind bringt die Mutter und die Familien in Ambivalenzkonflikte, so daß dann die Kinder als störend erlebt werden. Diese später einsetzende Konfliktsituation ist vermutlich auch der Grund dafür, daß die Menschen der Geburtsjahrgänge ab 1950 weit mehr »Handlungsfreiheit« zeigen und gezielter und akzentuierter ihr Unbehagen und ihre Wünsche auszudrücken vermögen.

Der Schwerpunkt bei der Entstehung der schizoiden Charakterstruktur liegt in Störungen intentionaler Antriebe in der extrem hilflosen ersten Lebenszeit und wohl auch bereits während der pränatalen Periode. Die grundlegend notwendigen Gefühle der Verläßlichkeit auf innere und äußere Signale, eine weitgehende Angstfreiheit, die für die Realitätsprüfung von Bedeutung sind, Urvertrauen und die Herstellung von Objektbeziehungen, die für das spätere Identitätserleben von Wichtigkeit sind, können nicht oder nur rudimentär zustande kommen. Herrschen die negativen Gefühlstöne vor, kann es zu weitläufigen Objektverlusten kommen, bzw. Objektbeziehungen werden nicht hergestellt; es entstehen tiefgreifende Kontaktstörungen Menschen gegenüber und Beziehungsstörungen zur materiellen Welt.

Die Ansatzpunkte für die Entstehung der depressiven Charakterstruktur liegen ebenfalls im ersten Lebensjahr. Die Störungen betreffen hauptsächlich orale und oral-aggressive Impulse. Das Kind reagiert frühzeitig mit Furcht auf seine Wunschregungen des Habenwollens. Die Objekte der Welt, einschließlich der Beziehungspersonen, bleiben in einer »fremden Ferne«, wo sie projektiv und sehnsüchtig verzerrt, in ihrer Valenz überhöht und häufig dämonisiert, unerreichbar erscheinen. Im Grunde erscheint dem Depressiven alles sinnlos, ohne rechte Erfüllung, nihilistische oder pessimistische Grundstimmungen herrschen vor, falls nicht illusionäre Fehlerwartungen überwiegen.

Die durch die Kriegs- und Nachkriegszeit in der oben geschilderten Weise mehr oder weniger gestörten, zumindest aber beeinflußten Menschen kamen nun etwa ab 1954 in die Pubertät mit allen damit verbundenen Schwierigkeiten, d. h., sie erlebten die Jugendzeit in einer Epoche des wirtschaftlichen Aufbaus, des Optimismus und der heftigsten Betriebsamkeit, in der scheinbar jeder alle Chancen hatte, aber auch einer Zeit der Restauration.

Von den Jugendlichen verlangte nun ihre Pubertät, daß sie für sich erneut, d. h., jetzt im vertieften Lernen der Ich-Steuerungs-Vorgänge, tragfähige Beziehungen herstellen zwischen ihren Trieben und der Realität. Das Verhältnis zur Besitzerwerbung und -bewahrung ist neu zu gestalten; ebenso das Streben nach Macht und Geltung; der Jugendliche muß lernen, in erwachsener Form mit seinen Aggressionen umzugehen, und schließlich muß er sich mit der Sexualität auseinandersetzen, mit der eigenen und der der anderen. Durch die sich vertiefende Einsicht in die Motivation des eigenen Handelns und die Verselbständigung trifft der junge Mensch auch erstmals bewußt auf die Antinomik des menschlichen Lebens, auf das Tragische.

Viele psychophathologische Phänomene, auch Massen-Phänomene, und die allgemeine Beunruhigung, ein durchgehendes »Unbehagen in der Kultur« seit etwa 1955 werden durch die Beziehung zwischen den perinatalen Milieueinflüssen in der Kriegs- und ersten Nachkriegszeit und dem Eintritt in die Pubertät und das frühe Erwachsenenleben in einer Zeit des hektischen Wiederaufbaues und der beginnenden Konsum- und Überflußorientierung verständlicher[3]. Was den Jugendlichen fehlte und was dynamisch in ihnen immer wieder den Anlaß gab zu Rebellion, Protest, Beeinflussung durch Outsider-Idole, zu Flucht ins Hippie-Paradies, in Drogenrauschzustände, Neoromantik und Nostalgie, zu extremen psychomotorischen Ausnahmezuständen, zu Aggressionsdurchbrüchen bis zum Amoklauf, war in der frühesten Kindheit versäumt, gestört worden und dem Blick und dem Gedächtnis der Elterngeneration und der Gesellschaft entzogen.

Wo die Umwelt Verläßlichkeit, Echtheit und Mitmenschlich-

---

[3] S. a.: E. M. Hau (1961): »Pubertätsproblematik und neurotische Fehlentwicklung«, *Prax. Kinderpsych.*, 10.

keit zu geben imstande ist, kann es diesen Jugendlichen gelingen, das Fehlende nachzuholen, die Welt auf ihre Konstanz hin zu akzeptieren, den Mitmenschen in seiner Identität anzuerkennen. Wo aber die Umwelt dem Jugendlichen diese Hilfestellung nicht gibt oder nicht zu geben in der Lage ist, und wenn die frühkindlichen Störungen zu schwer und umfangreich sind, werden mehr oder weniger ausgeprägte psychosomatische und charakterliche Erkrankungen Signal und Ausdruck des krassen Mißverhältnisses zwischen den insuffizient gebliebenen psychischen Funktionen und den Anforderungen der Gemeinschaft und der Umwelt.

Diese Hilfestellung ist in unserem Kulturbereich von seiten der Gesellschaft weitgehend versäumt worden!

Nach Überwindung der materiellen und ideellen Existenzbedrohung, nach Wiedererlangung von Sicherheit, Freiheit und Konsum- und Besitzüberfluß glaubte die ältere Generation, mit dieser Situation den Wünschen und Lebensplanungen der Jugend eine befriedigende Basis geschaffen zu haben, ohne zu berücksichtigen, daß aufgrund ihrer in der frühesten Kindheit konstellierten Charakterstrukturen diese Jugend dieses »Angebot« gar nicht sinnvoll aufnehmen und verwerten konnte. Dazu hätte sie eine gesunde, selbständige Expansivität, Identität sowie verläßliche emotionale innere Orientierungen und Zielvorstellungen gebraucht.

Die eruptive wirtschaftliche Entwicklung in der Industriegesellschaft mit ihrem Phänomen der »Vermassung« ließ nun die frühen Versäumnisse noch weiter auswuchern, statt sie zu beheben und zu lindern. Inmitten einer Ansammlung von Menschen, die keine Mitte haben, die nur durch die verschiedensten Funktionen und Interessen mehr oder weniger kurzfristig miteinander verbunden sind, inmitten von »Einwegpartnern« und »Wegwerfmenschen«, deren Freiheit eine »Vogelfreiheit« ist, ist der Ruf nach der Veränderung der Gesellschaft, wie ihn die Jugend artikuliert, nur verständlich.

Und in der Forderung nach Abschaffung der alten autoritären Strukturen liegt immanent der Wunsch nach einer neuen, omnipotenten Autorität, die absolutes Wissen, Können, Mächtigsein, unbegrenzte Geborgenheit und Verläßlichkeit bietet, also eigentlich der ganz infantile Wunsch, der in der frühen Kindheit an die realen Eltern gerichtet war und sich nun als immer wiederholte Forderung oder ständige diffuse Sehnsucht an die imaginäre »Größe« Gesellschaft richtet. Es wird die Verwirklichung einer Utopie erwartet, die weder die Gesellschaft leisten kann noch die nachwachsende Generation, denn diese Utopie würde bedeuten, daß die Antinomien abgeschafft werden könnten, daß es ein Paradies auf Erden gäbe.

Auf die Enttäuschung dieser illusionären Fehlerwartungen reagieren dann die jungen Menschen entweder mit Resignation, indem sie sich, müde geworden, ins scheinbar Unvermeidliche fügen und ihr Leben zwischen Arbeit und von Ersatzbefriedigungen ausgefüllter sogenannter Freizeit verbringen oder aber ausweichen in das irreale Paradies einer Sucht, in der sie im Dauerorgasmus psychischer Onanie in totaler Regression ihrem ganz realen Tode entgegendämmern, während ein anderer Weg in den ewigen Protest führt, von der permanent diskutierten Revolution bis zum agierten Amoklauf. Alle diese Erscheinungen: Rocker, Hippies, Jesus-Peoples, Kommunen, die Drogenszene, Pop und Nostalgie sollten aber auch von der Gesellschaft in ihrem Signalcharakter verstanden werden, der auf Vergessenes, Verdrängtes, Unterentwickeltes hinweist. Die Umweltverschmutzung findet nicht nur in Luft und Wasser statt, sondern mehr noch und gefährlicher in der Seele.

Vielleicht zeigt uns die durch die Milieueinflüsse zur Zeit ihrer Geburt in der Kriegs- und Nachkriegszeit beunruhigte Generation endlich, daß die Tendenz in der hochzivilisierten Industriegesellschaft zu propulsivem materiellem Wachstum bei gleichzeitiger geistig-emotionaler Retardierung umzukehren ist, damit unsere materielle und ideelle Welt wieder lebens- und damit liebenswürdig wird.

WALTHER SIMON

Hören – Urphänomen der Weltbegegnung

Der Beitrag »Hören – ein Urphänomen der Weltbegegnung«, eine Stellungnahme zu frühesten Bewußtseinseindrücken, verfolgt einen doppelten Zweck. Einerseits soll zur wissenschaftlichen Klärung der Frage des zeitlichen Beginns eines individuellen Seelenlebens beigetragen und der Nachweis erbracht werden, daß Bewußtseinsinhalte mit Sicherheit bereits in den letzten drei Monaten des intrauterinen Lebens als Engramme gestaltende Spuren hinterlassen; andererseits soll durch Erhellung der Tatsache, daß das Kind bereits vor der Geburt ein beseeltes Wesen ist, beigetragen werden, die folgenschweren Gefährdungen, welchen das Ungeborene heute ausgesetzt ist, abzubauen. Obwohl es bisher noch unmöglich ist, die Engrammfähigkeit von einem bestimmten Entwicklungszeitpunkt des intrauterinen Lebens an zeitlich genau zu markieren, besteht doch kein Zweifel darüber, daß das Kind bereits intrauterin als beseeltes Wesen imstande ist, Eindrücke zu empfangen, die heute aber meist von einer rein kausal eingestellten, im cartesianischen dualistischen Gedankengut befangenen Wissenschaft aus ganz anderen Beziehungen abgeleitet werden.

Es ist wissenschaftlich einfach unhaltbar geworden, den Augenblick der Geburt als einen absoluten Nullpunkt darzustellen und ein pränatales Seelenleben als unbeweisbare und unwissenschaftliche hypothetische Utopie abzuqualifizieren. Diese Tatsache kann auch nicht der wissenschaftlich unfundierte Skeptizismus des großen Philosophen CARL JASPERS erschüttern, welcher zweifellos die Bedeutung der pränatalen Engrammfähigkeit verkannte, um in seiner Abhandlung *Über die Bedeutung der Säuglings- und frühen Kinderzeit* so apodiktisch zu urteilen:

»Die Psychoanalytiker haben die Vorgeschichte des Menschen, das heißt sein Leben vor der bewußten Erinnerung, untersucht als eine das ganze spätere Leben begründende und bestimmende Zeit. Gegenstandslos und daher phantastisch sind solche

Überlegungen in bezug auf die Embryonalzeit. Wir kennen weder objektive Zeichen eines Seelenlebens des Embryo noch eine Erinnerung daran.«

Zweifellos ist das pränatale Leben anfangs rein vegetativ, jedoch ab dem dritten Monat zeigt nach REMPLEIN »der Fötus Reaktionen auf stärkere Reize und Bewegungen«. Aus dem Blickwinkel der Bewußtseinspsychologie sieht REMPLEIN »in Reizempfindlichkeit und Beantwortung Zeichen des Seelischen« und »Symptome für das Erwachen jenes Unbewußt-Seelischen, das den Wurzelgrund des erst nach der Geburt sich entfaltenden Bewußt-Seelischen darstellt und vermutlich bereits durch intrauterine Vorgänge, vielleicht sogar durch Erlebnisse der Mutter während der Schwangerschaft beeinflußt wird.«

Die immer wieder ins Treffen geführten anatomisch-physiologischen Einschränkungen intrauteriner Erkenntnismöglichkeiten – alles Erkennen beginnt natürlich mit der Tätigkeit der Sinne – und der Funktionsfähigkeit der Sinnesorgane widerlegte der Göttinger Physiologe und Anatom BLECHSCHMID durch Beobachtungen, wonach unbestritten Zusammenhänge zwischen frühembryonalen Zuständlichkeiten und dem Verhalten Erwachsener bestehen müssen. Für BLECHSCHMID ist »der Embryo ein voll funktionsfähig früher Mensch«, und er folgert weiter daraus: »Was nicht schon vor der Geburt bewußt eingeübt wurde, kann nach der Geburt nicht bewußt ausgeübt werden . . .« BLECHSCHMID belegt seine überzeugende Hypothese durch Beobachtungen frühkindlicher Reflexe und zieht Parallelen zwischen den Gestaltungsvorgängen der ersten Zellteilungen und den soziologischen Organisationen Erwachsener. Dem großen Schweizer Tiefenpsychologen GRABER blieb es als erstem jedoch vorbehalten, das pränatale Seelenleben wirklich als integrierenden Bestandteil des gesamten Lebenslaufes in seiner ganzen prägenden Schicksalsschwere zu erkennen: »Mit der Anerkennung des Geburtstraumas und der pränatalen Phase des Seelenlebens wird die Tiefenpsychologie auf die Basis der Anthropologie gestellt, wird erst eigentlich eine biologisch-genetische Lehre vom Menschen in seinem vollständigen Lebenslauf, von dessen Ursprung, der Zeugung, über die Geburt bis zu seinem Tode möglich.«

Der Urboden des individuell menschlich erworbenen Erfahrungsgutes ist immer die Summation aller Bewußtseinsengramme und mnestischer Bestand an psychischen Inhalten. Erinnerung ist in Anlehnung an WIECK ein besonderer Vollzug der Selbstbesinnung in der Rückschau auf das eigene Leben, das in seiner Vergangenheit zu gegenwärtigem inneren Leben erweckt wird.

Es ist eine bekannte Tatsache, daß Mütter individuell-spezifische Formen der Spontaneität ihrer Kinder bereits intrauterin erfühlten. Daran ändern auch nichts die skeptischen Vorbehalte der empirischen Psychologie, welche annimmt, daß die von der Mutter bestimmten Erwartungen, das heißt erfühlte spezifische Formen der Spontaneität, auf das Kind einfach später übertragen werden und man auf diese Weise das »Vorgefühlte« dann bestätigt findet.

Ohne näher auf das Substrat der Engrammbildung, also den Chemismus der Ribo- und Desoxyribonukleinsäuren und die noch ungeklärten molekularbiologischen Vorgänge der Fixierung von Eindrücken einzugehen, was auch nicht Aufgabe dieser Arbeit ist, muß zuerst die entscheidende Frage gestellt werden: »Ist pränatales Hören überhaupt möglich?«

Das Hörorgan ist in der 25. Schwangerschaftswoche bereits ausgereift, und der Hörnerv tritt im sechsten Schwangerschaftsmonat, also etwa zwei Monate später als der Gleichgewichtsnerv, in die Markscheidenreife ein. JOHANSON u. a. stellten fest, daß schon in der 26. Schwangerschaftswoche durch Schallreize von außen die fötale Herzschlagfolge beeinflußt werden kann, und folgerten daraus richtig, daß bereits in dieser Entwicklungsphase damit objektiv Hörreaktionen festgestellt werden können:

»Als Folge der Funktionsentwicklung des Labyrinths wird der Rhythmus des mütterlichen Herzens spätestens vom vierten Monat ab vom Föten ununterbrochen wahrgenommen, sowohl durch die Bewegungsrhythmik als auch durch die rhythmische Akustik der Herzschlagfolge. Mit Sicherheit registriert das Gleichgewichtsorgan die Druckpulse des mütterlichen Kreislaufs.«

An diesen Urzusammenhängen des menschlichen Seins konnte natürlich die Psychoanalyse nicht vorbeigehen, und so stellt bereits GRODDECK, der originelle Analytiker 1926 in seiner Abhandlung über *Mutterrhythmus und Weltenrhythmus* fest, ». . . , daß der Mensch alles in Rhythmen umbilden muß, schon deshalb, weil die erste Wahrnehmung, die er macht, der Rhythmus ist, in dem sein eigenes und der Mutter Herz schlägt, und weil sich ihm in der tiefen Einsamkeit des Mutterleibes nichts anderes so tief einprägt, wie die Musik des Herzens.«

Wie bereits angedeutet, unterscheidet sich die Psychologie des Hörens ganz wesentlich von der Physiologie des Gehörs. Das Wahrnehmen selbst – auch das pränatale Wahrnehmen – ist bereits eine Ich-Funktion, welche mittels des Sinnesorgans Gehör nur vollzogen wird. Die Schallrezeption ist intrauterin absolut möglich, denn das Gehörorgan ist im sechsten Schwangerschaftsmonat anatomisch reif und voll funktionsfähig. Diese Tatsachen bewiesen auch die Untersuchungen von PEIPER, der durch Röntgenbeobachtungen beweisen konnte, daß beim Ertönen einer Autohupe bei einem Drittel der Föten Schreckreaktionen auftraten, ohne daß die Mütter selbst Änderungen ihres vegetativen Verhaltens als Folge einer gleichen Reaktion zeigten. Zu ähnlichen Ergebnissen kamen auch japanische Wissenschaftler, welche fanden, daß intrauterin empfangene akustische Umweltreize für das spätere Verhalten prägend sind. So schreckten nur 13 Prozent der Säuglinge durch Düsenlärm aus dem Schlaf auf, deren Mütter zwischen dem ersten und fünften Schwangerschaftsmonat in der Nähe von Flugplätzen wohnten, während 85 Prozent derjenigen Säuglinge sofort erwachten, deren Mütter erst in den letzten vier Schwangerschaftsmonaten dem Düsenlärm ausgesetzt waren.

Auch CLAUSER zeigt in seiner Arbeit über die *Vorgeburtliche Entstehung der Sprache als anthropologisches Problem,* daß das entscheidende pränatale Erlebnis »Mutter« von akustischer und rhythmischer Gestalt sein müsse; eine Tatsache, die auch SALK, der Bruder des Polioimpfstoff-Entdeckers, beobachtete und den beruhigenden Effekt des »Pulstaktes«, wie BÜLOW das Moderato nannte, beschrieb. Bekanntlich entspricht auch das Moderato in seinem Tempo dem Pulsschlag, und somit stellt dieses Tempo den von SALK beobachteten zweifellos pränatal geprägten unbewußten Beruhigungsfaktor dar. Ferner hat Salk den Neugeborenen mittels eines Tonbandgerätes den aufgenommenen Herzschlag ihrer Mütter mit einer Frequenz von 72 Schlägen pro Minute vorgespielt. Daraufhin schliefen die meisten spontan ein und die anderen verhielten sich völlig ruhig. Sobald jedoch die Wiedergabe der Herztöne aufhörte, wurden sämtliche Babies unruhig, die schlafenden erwachten und die wachen begannen zu schreien. Der Beruhigungseffekt trat jedoch sofort wieder ein, wenn der gewohnte Herzrhythmus wieder ertönte. Ebenso unruhig wurden die Kinder bei der Beschleunigung der Herzfrequenz und boten das gleiche Zustandsbild wie beim Sistieren der Wiedergabe. Und so konnte SALK zeigen, daß während einer Beobachtungszeit von vier Tagen die dem Schallreiz ausgesetzten Kinder nur 38,4 Prozent der kontrollierten Zeit unruhig waren, während hingegen eine Kontrollgruppe ohne akustisches Reizangebot 59,8 Prozent der kontrollierten Zeit deutliche Zeichen von Unruhe zeigte und schrien. Es besteht wohl kein Zweifel, daß die Wiederkehr des akustischen Phänomens des intrauterin vernommenen Herzrhythmus für das Erleben des Kindes die Wiederkehr des sich Wiederfindens, also eine Wiedervergegenwärtigung einer bereits prägenden Vergangenheit, bedeutete und daß der frühe Mensch zwar konturlos und vage die Zeit vielleicht bereits als seine eigene Zeit erfaßte.

Bis zum Geburtsakt lebt bekanntlich das Kind abgeschirmt gegen Außenwelteinflüsse in seiner Mutter im Urraum absoluter Geborgenheit. Die Reizfigurationen in Gestalt des rhythmisch pulsierenden Geräusches sind zwar sicher konturlos, jedoch bereits imstande, die Daseinsweise des Kindes vor der Geburt zu färben und im Kind das wesentlichste Zeichen des Menschseins überhaupt – das in der Welt zu existieren – seine Existenz – anzudeuten. Das Lautbild der Herztöne hat für den Embryo anscheinend nicht den Charakter eines einfachen Tones, sondern einer Schallfiguration, aus der, wie BLUEMEL annahm, die Doppelsilben der Kinderworte »Papa« und »Mama« abgeleitet werden. Für diese Hypothese spricht zweifellos das weltweite Vorkommen dieser rhythmischen Doppelsilben, die in ihrem primitiven Sprachrhythmus der akustische Nachvollzug der mütterlichen Herzschlagfolge sein könnten. Das Erlebnis des Tones, also des Herztones, ist für das Kind sicherlich kein physikalischer Eindruck, und seine Bedeutung liegt sicher auch nicht im akustischen System, sondern hat ihren Urgrund im erlebenden Subjekt. Durch die Geburt erleidet der Mensch das Urerlebnis der Trennung, erstmalig mit einer einschneidenden Veränderung der Daseinsweise konfrontiert, ein Geschehen, das im weiteren Leben noch oft leidvoll erlebt und erlernt werden muß, um die Erkenntnis einer letzten Trennung überhaupt ertragen zu können.

Nun zur Methodik:

Wir haben versucht, mit einer Anordnung von drei Mikrofonen das komplexe Tonbild des Herzschalles so aufzuzeichnen, wie es nach unserer Meinung intrauterin aufgenommen und empfunden wird. Acht Stunden nach der Geburt, also zu einem Zeitpunkt, da das physische Geburtstrauma im wesentlichen bereits abgeklungen ist und das Neugeborene die veränderte Daseinsweise nach unserer Meinung bereits empfindet, haben wir es den Schallreizen der aufgenommenen Herztöne ausgesetzt und konnten beobachten, daß die Verhaltensweise eine deutliche Änderung erfuhr. Das Kind zeigte – soweit man so etwas behaupten kann – eine gespannte Aufmerksamkeit, averbales Angesprochensein, und sofern es unruhig war, wurde es ruhig und begann spontan einzuschlafen. Der beruhigende Effekt trat nur beim Anhören der akustischen Reizkonfiguration des mütterlichen Herzschlags ein und nicht durch Schalleinwirkungen, welche mittels eines Metronoms mit gleicher Frequenz gesetzt wurden. Wir haben daraufhin mit einem Tonbandgerät, welches eine Beschleunigung der Frequenz ohne Veränderung der akustischen Qualität ermöglicht, die Toleranzgrenze festgestellt, welche notwendig war, um die Verhaltensweise des Neugeborenen wahrnehmbar zu ändern. Bei sämtlichen 38 Neugeborenen konnte festgestellt werden, daß bei einer Frequenzzunahme von nur 10 Prozent die Kinder bereits unruhig und ängstlich wurden und daß sie, sofern sie schliefen, erwachten und zu schreien begannen. Die Beruhigung trat aber sofort wieder ein, sofern der gewohnte Rhythmus des mütterlichen Herzschlages akustisch wieder auf die Ausgangsfrequenz zurückgeführt wurde. Der gleiche Effekt trat ein, wenn wir die akustische Qualität bei gleichbleibender Frequenz änderten. Die uns besonders interessierende Frage, ob das Neugeborene die Herztöne seiner Mutter individuell identifizieren könne und ob es vermag, dieselben von den Herztönen anderer Mütter zu unterscheiden, d. h. ob es bereits imstande sei, komplizierte Änderungen der Reizkonfiguration auseinanderzuhalten und vor allem zuzuordnen, konnte mit der notwendigen Sicherheit noch nicht bestätigt werden.

Diese Untersuchungen werden zur Zeit in Form einer Dissertation fortgesetzt, und ich hoffe, nach Ablauf der Untersuchungen genauere Resultate vorweisen zu können. Bisher scheint bei aller kritischer Vorsicht doch eine Differenzierung dem Neugeborenen möglich zu sein.

Der Sinn unserer Versuche soll aber letztlich eine Einsicht in jene menschliche Seinsweise eröffnen, die jenes Dasein bestätigt, welches so oft geleugnet wird und welches sich nur durch die leibliche Subjektivität verwirklichen kann. Das Urphänomen der Weltbegegnung hat ohne Zweifel akustische Gestalt, und die akustische Urimago ist zweifellos der pulsierende Rhythmus, die Musik des mütterlichen Herzens.

M. Lietaerd Peerbolte

Träume, die sich auf die Empfängnissituation beziehen

Wenn wir in der Psychotherapie Träumen begegnen, die mit Bedingungen bei der Empfängnis zu tun haben, scheinen zwei Aspekte bedeutsam:

1. Solche Träume weisen sehr häufig auf psychodynamische Wurzeln des postnatalen Ödipus-Komplexes und seines Mißlingens hin.
2. Der Ursprung des Ichs steht im Vordergrund dieser Träume. Manchmal wird dieses Ich mit der Eizelle assoziiert. Dazu folgender Traum:

Traum I: »Ich bin in einem Boot, es ist dunkel. Ich war im Wasser und doch in dem Boot. Wenn es doch nur etwas zum Zudekken gegeben hätte! Dann kommt ein ungeheurer, riesiger Vogel und zieht das Boot. Das Boot segelt daraufhin in eine andere Richtung. Ich war im Wasser und gleichzeitig in dem Boot. Mich störte diese Wendung durch den Vogel, der das Boot in die andere Richtung zog. Das Boot war etwas, das Dinge zusammenhält.«

In diesem Traum ist die mütterliche Libido als eine Art ovale ozeanische Spindel im Wasser dargestellt. Außerdem geht keine Anziehungskraft von seiten der Eizelle in Richtung auf das Sperma oder den Vogel, der als eine aggressive Störung erfahren wird, aus.

Manchmal wird das Ich zwischen dem männlichen und dem weiblichen Pol liegend gesehen, wie der folgende Traum zeigt.

Traum II: »Ich bin in der Nähe der Eisenbahn, zwischen einem Telegraphenmast und einem Stellwerk. Ein kleines Flugzeug fliegt nahe an das elektrische Kabel heran. Der Pilot berührt das Kabel mit einem Lineal, auf dem Zahlen stehen. Ihm folgt ein anderes Flugzeug. Es fliegt parallel neben dem Kabel her, um den Mast herum und landet im Stellwerk: Ich denke: das wird einen Zusammenprall verursachen.«

Hier befindet sich das Ich zwischen den beiden Polen, dem Stellwerk und dem Telegraphenmast. Es besteht eine Anziehung zwischen dem Männlichen und dem Weiblichen. Der Draht kommt sozusagen aus dem Unendlichen und endet im Stellwerk. Entlang dieser Anziehungslinie begegnen sich zwei Flugzeuge. Die biologische Befruchtung wird als Schock erlebt. Manchmal bewegt sich das Ich auch vom männlichen in Richtung auf den weiblichen Pol. Dies zeigt der dritte Traum:

Traum III: »Die Vorbereitungen zu einer Wahl, an der ich aktiv teilhabe, sind in vollem Gang. Vor der Wahl gehe ich durch eine dunkle Straße, in der ich geboren wurde. Ich schaue aufmerksam auf die Tür des Hauses, auf der mein Name ›Faber‹ steht und denke: Das ist der bekannte Kirchenpolitiker. Am Ende der Straße beobachtet ein Polizist ein Haus von hinten. In diesem Haus lebt entweder ein bedeutender Politiker, oder es findet eine Konferenz statt. Durch eines der oberen Fenster sehe ich Licht. Das Wahl-Komitee ist dort versammelt, und ich sollte anwesend sein. Aber wegen des Polizisten kehre ich so schnell wie möglich um, weil ich sonst als verdächtige Person angesehen würde.«

In diesem Traum ist das männliche Element durch das Haus repräsentiert, auf dessen Tür der Name Faber steht. Faber ist im Holländischen dem Wort Vater ähnlich und assoziiert außerdem »homo faber«. Der weibliche Pol wird durch das Haus repräsentiert, in dem die Versammlung, die die Wählerliste der Liberalen Partei vorbereitet, stattfindet. Hinter dem Haus jedoch hält ein Polizist Wache, dessentwegen sich der Träumer zurückzieht: Er vermeidet den Schock. Biologisch läßt sich der Schock bei der Empfängnis damit erklären, daß einer der wichtigsten Prozesse bei der Empfängnis das Ersetzen der Abkömmlinge der Chromosomen des Vaters der Mutter durch die neuen Chromosomen des gegenwärtigen Vaters ist.

Wenn bei der Eizelle Schwierigkeiten bei der Zellteilung entstehen, so daß diese alten Chromosomen nicht wirklich getrennt werden, findet eine Kollision zwischen den alten männlichen Chromosomen und den neuen des gegenwärtigen Vaters statt.

Zur Illustration dieser Beziehung zwischen einem solchen teilweisen Mißlingen auf der Empfängnisebene und dem postnatalen Ödipus-Komplex, ist der dritte Traum am geeignetsten. Einige wichtige Daten aus der Jugend des Patienten:

1. Beide Eltern waren Grundschullehrer.
2. In seiner Kindheit fürchtete sich der Patient vor den weitaufgerissenen Augen seiner Mutter, die mit dieser Mimik auf Auflehnung von seiten des Patienten reagierte. Sie drohte ihm auch, ihn in eine Art Kinderklinik zu bringen.
3. Als der Patient schon erwachsen war und er seiner Mutter einmal über eine sehr ehrenvolle Ernennung im wissenschaftlichen Bereich, die ihm zuteil geworden war, berichtete, reagierte sie nur damit: »Mein Junge, denke daran, wenn man als Zehncentstück geboren ist, kann man nicht zu einem Fünfundzwanzigcentstück werden.«
4. Als sein Vater Witwer wurde, sagte er immer wieder, daß der Patient alles in seinem Leben seiner Mutter zu verdanken habe.

Wenn man diese wenigen Daten zusammennimmt, entspricht das postnatale Bild ziemlich klar dem Traum: der Vater, der keinen Einfluß auf die Erziehung hatte (die Tür mit dem Namen Faber = vader ist nicht offen); die Charakterstruktur der Mutter, die starke maskuline Züge trägt, so daß man an eine Art Laios-Komplex ihrerseits denken könnte. Dem entspricht der Polizist, der hinter dem mütterlichen Haus steht; der Rückzug des Patienten aus Angst vor dem Zusammenstoß oder dem Schock steht in Zusammenhang mit seiner Angst vor der Mutter im postnatalen Leben. Die Übereinstimmung ist so eindrucksvoll, daß man sich beinahe fragen könnte, ob dieser Traum sich nicht nur auf seinen Ödipus-Komplex bezieht. Und dennoch kann das Mißlingen der Lösung des postnatalen Ödipus-Komplexes nicht verstanden werden ohne die Analyse der Situation bei der Empfängnis. Der Traum ist einer aus einer ganzen Serie von Träumen, die alle in einer Nacht stattfanden und sich alle auf die Empfängnis beziehen.

Für die Träumerin, die in ihren Träumen ihr Ich zwischen den beiden Polen plaziert, war die ödipale Situation ähnlich:

1. Sie ist einziges Kind. Als sie vier oder fünf Jahre alt war, haben sich die Eltern scheiden lassen. Ihre weitere Erziehung übernahmen die Großmutter, eine Tante und die Mutter. Als sie in die Behandlung kam war die Patientin weit über dreißig. Sie hatte ihren Vater nie wieder gesehen, der – wie sie gehört hatte – ein exzentrischer Mensch war.
2. Erst während der Behandlung begann sie, den Vater zu besuchen. Das entscheidendste und typischste postnatale Datum ist jedoch folgendes: Die Patientin starb, als sie fünfzig Jahre alt war, an Unterleibskrebs. Sie hat immer mit ihrer Mutter zusammengelebt, ohne jemals in ihrem Leben einen wirklichen Freund gehabt zu haben.

Nach dem Tode der Patientin besuchte mich die Mutter von Zeit zu Zeit, wenn sie sich sehr schlechtfühlte. Während dieser Besuche war das einzige, was sie mich immer wieder fragte, ob es nicht am besten sei, Selbstmord zu begehen, um wieder mit ihrer Tochter vereint zu sein. Das ging so mehrere Jahre lang und brachte mich allmählich auf die Idee, an eine Art Zwillingspsychologie zu denken, bei der in einem pränatalen Stadium der eine stirbt und der andere überlebt. In solchen Fällen muß man als Therapeut darauf vorbereitet sein, daß eine solche Absicht zum Selbstmord deutlich wird. Ich möchte hinzufügen, daß zu einem späteren fortgeschritteneren Zeitpunkt in der Analyse die Tochter einen Traum hatte, in dem es um zwei plötzliche Lichterscheinungen ging. Die erste war nicht furchterregend, die zweite jedoch bedeutete ihre elektrische Hinrichtung. Sie hatte große Angst in dem Traum, daß ihre Mutter auch hingerichtet würde, falls sie sie berührte. Zwischen dem Traum von diesen beiden Blitzen schien ein Zusammenhang zu bestehen mit dem Traum von den beiden Flugzeugen, der mit einer Explosion endete.

Als ich von ihrer tödlichen Krankheit erfuhr, war meine erste Reaktion die, ihre Gynäkologin zu fragen, ob ihr Tumor durch fötale Reste verursacht sein könnte. Ich dachte an die Reste eines Zwillings, die eventuell in den Eierstöcken der Patientin festgewachsen waren. Offensichtlich war das nicht der Fall. Ich habe jedoch das Gefühl, daß dieser fatale Tumor eine Beziehung zu den beiden Flugzeugen und den beiden Lichterscheinungen hat: Zwei Spermen in ihrer Entwicklung und Veränderungen in den Fünfzigerjahren der Patientin.

Im Hinblick auf den Traum, in dem die weibliche Träumerin sich zuerst mit einem Boot auf dem Wasser bewegt, das von einem Vogel gezogen wird, ist die postnatale Situation in ihrer Kindheit von etwas anderem Charakter. Als ihre Mutter meinte, so viele Kinder zu haben, wie sie wollte, ging sie mit ihren Kindern weg. Die Patientin war in ihrer Kindheit von einem Onkel vergewaltigt worden. Während ihrer Analyse wurden pränatale Störungen durch elterlichen Geschlechtsverkehr deutlich (Nebenbemerkung: Diese Kombination von prä- und postnataler Vergewaltigung kommt ziemlich häufig vor.) Sie kam in die Behandlung wegen sexueller Frigidität in ihrer Ehe. Sie konnte ihren Ehemann tolerieren, war aber unfähig, ihm Liebe und Zuwendung zu geben. Ihr Vaterbild hatte durch die Erfahrung mit dem Onkel die Züge eines Aggressors – so wie der Vogel im Traum aggressiv gegenüber dem Boot war, in dem sie saß. Ihr Mutterbild war das einer narzißtischen Person, die alles auf sich selbst bezog. Die Empfängnissituation stellt ein Spiegelbild dieser narzißtischen Beziehung der Mutter zur Patientin dar.

Jean Sarkissoff

Die Nutzung der fötalen mütterlichen Stimme (nach Tomatis) in der Psychotherapie

Vor nahezu zwanzig Jahren entdeckte Professor Tomatis, Paris, im Zuge seiner Therapieversuche von Sprach- und Lesestörungen eine Behandlungsmethode, die sich als eine bedeutende Hilfe für die Psychoanalyse und Psychotherapie erwies. Sie erlaubt eine Abkürzung der Kuren und häufig deren Vertiefung.

Sehen wir wie:

Er ließ den Patienten die Stimme seiner Mutter von einem Tonband abhören, und zwar so, wie dieser sie vor der Geburt wahrgenommen hatte, d. h. derart filtriert, daß sie wie im Fruchtwassermilieu klingt. Das so Gehörte reaktiviert bei dem Kranken die unbewußte Erinnerung des pränatalen Daseins, das in seiner Hirnstruktur spezifisch verschlüsselt geblieben ist. Allein die Stimme der eigenen Mutter ist bei jedem einzelnen Patienten wirksam.

Ein Spezialapparat, elektronisches Ohr genannt, wird zwischen dem Tonband und den Hörern eingeschaltet, seine Aufgabe besteht darin, dem Gehörten fortlaufend die physiologischen Charakteristika zu geben.

Nach einer gewissen Anzahl von halbstündigen Sitzungen mit der so filtrierten mütterlichen Stimme ist das Filtrat fortschreitend verarbeitet (»die tönende Entbindung«).

Die ersten durch diese Methode Geheilten waren Fälle von pathologischer Schweigsamkeit, von psychogenem Autismus und von jugendlicher Schizophrenie[1]. Die Heilung scheint hauptsächlich dadurch bedingt, daß das Aufnehmen der mütterlichen Stimme die pränatale glückliche Konstellation zwischen dem Patienten und seiner Mutter reaktiviert, so daß bei ihm das Verlangen nach Kommunikation geweckt wird.

Nun aber sind die Krankheiten, die wir in der Psychoanalyse

---

[1] In: *Die Befreiung des Ödipus*, Paris 1973 – ESF, A. Tomatis über seine Entdeckung und die Heilung seines ersten Falles.

behandeln, Folgen einer defekten Beziehung zwischen dem Kranken und den Personen seiner Umgebung, angefangen bei seiner Mutter.

Das Hören der filtrierten mütterlichen Stimme erlaubt häufig eine radikale Durcharbeitung der Neurose; es erscheint allein so möglich, das unbewußte pränatale Dasein zu mobilisieren, welches als Basis für alle späteren psychischen Konflikte anzusehen ist. Dieses pränatale unbewußte Urerlebnis, Mittler aller späteren Anschwemmungen des persönlichen Unbewußten, ist wahrscheinlich in der Mythologie durch die Barke des Charon dargestellt, die die Besucher der Hölle transportiert. Es bildet den tragenden Urgrund, auf dem die unbewußte Psyche im Verlauf der individuellen Entwicklung sich sedimentiert.

Darüber hinaus normalisiert die Methode TOMATIS' den Empfang durch das Ohr, sie erlaubt dem Gehirn all die Hörreize aufzunehmen, die normalerweise für es bestimmt sind. Es scheint wie eine Reifung des Gehirns, die die Reifung des Wesens und der Phantasien nach sich zieht. Man sagt (seit den Experimenten von STANLEY WALTER), daß eine totale Entziehung der Hörempfänge ein irreversibles schizophrenes Syndrom verursacht.

Gewöhnlich finden Patienten in der Regression erst nach vielen psychoanalytischen Behandlungsjahren die Erinnerungen an ihre Geburt wieder. Mit dem Hören der filtrierten mütterlichen Stimme führt die Methode TOMATIS' auch häufig schon am Anfang der Therapie zu einer bewußten Wiederbelebung der Geburtsvorgänge. Mehr noch, indem ein unbewußtes pränatales Dasein mobilisiert wird, reaktiviert dieses eine Ur-Erfahrung, die früher als alle Ängste (depressive und Verfolgungsängste) den Patienten mit einem festen Halt für die Durcharbeitung und Überwindung des Äußersten versieht. Diese Methode hat der große Vorteil die Aufhebung der Urverdrängung oft zu erlauben. Die Methode TOMATIS' beginnt dort, wo häufig die Psychoanalyse erst sehr viel später zum Erfolg kommt. Sie führt also zu einem beachtlichen Zeitgewinn.

Die Methode ist rein physiologisch, ohne Kontraindikation. Darin liegt ihr Vorteil.

Ich benutze diese Methode seit fast zwei Jahren und konnte zu meiner Überraschung bei vielen Patienten feststellen, daß die Geburtsthemata in der Analyse mit viel größerer Häufigkeit auftreten, als es vorher der Fall war (in den Zeichnungen, den Träumen oder den Phantasien). Mehrere Patienten haben während ihrer Behandlung in einer so lebhaften Weise die dramatischen und beängstigenden Ereignisse ihrer Geburt wiederbelebt, daß ich mich deren lebendiger Enthüllung in der Übertragung nicht erwehren konnte. Als Folge davon schmolzen meine Zweifel an der Möglichkeit – an die früher schon Rank glaubte –, mit den Kranken das Geburtstrauma durchzuarbeiten. Das Wesentliche der Methode Tomatis' ist die Tatsache, daß die Geburt durch das Neugeborene bewußt erlebt wird und daß dieses sie seelisch annehmen muß, um nicht traumatisiert zu sein. Die Methode Tomatis' erlaubt der Psychoanalyse durch Reaktivierung der pränatalen und Geburtsvorgänge bei unseren Kranken die beharrlichsten Fixierungen zu mobilisieren, jene, die häufig die schwerste Bremse im Behandlungsverlauf darstellen. Mehrere Patienten, die mir meine psychoanalytischen Kollegen geschickt haben, konnten den Verlauf ihrer Behandlung aktivieren oder gestatteten deren Beendigung.

Das Hören der filtrierten mütterlichen Stimme scheint wohl die während des intrauterinen Lebens verschlüsselten Hirnengramme zu reaktivieren, von denen man annehmen kann, daß sie in direkter nervaler Verbindung mit jenen Hirnzellen stehen, die die traumatisierenden Kindheitserinnerungen tragen, angefangen beim Geburtstrauma.

Die Behandlung soll in einem guten Einvernehmen mit dem Therapeuten stattfinden. Dieser repräsentiert das »gute Objekt«, durch das die Introjektion und Annahme der gehörten mütterlichen Stimme im Unterbewußtsein verstärkt wird.

Eine Krankengeschichte liefert mir ein Beispiel:

Es handelt sich um eine vierzigjährige Frau, welche sich einer Analyse wegen sehr starker Angstzustände unterzog. Sie hatte bereits einen Suizidversuch durch einen Sprung aus dem Fenster provoziert, ein anderes Mal wurde eine Krankenhauseinweisung notwendig.

Nach einem Rückfall von Angst, den die Psychoanalyse nicht lösen konnte, wurde mir die Patientin durch einen Analytiker geschickt, der glaubte, daß die Methode Tomatis' das schaffen würde, was die Analyse allein nicht leisten konnte.

Sobald wir über die mütterliche Stimme verfügten, begannen wir sogleich mit der Behandlung. Nach einigen Monaten war das totale Verschwinden der Angst erreicht. Die Patientin fühlte, daß sie endlich bis zur Heilung ihrer Neurose vorgedrungen war. Das Hören der mütterlichen Stimme erlaubte eine dramatische Wiederbelebung ihres Befindens bei der Geburt; dies war, wie die Patientin selbst sagte, die entscheidende Wendung in ihrer Heilung.

Hier ihr eigener Bericht:

»Die Stimme der Mutter! Der Gedanke sie zu hören verwirrt mich, das erste, was mir auffällt: Ihre Atmung, das geschieht für mich, daß sie atmet.

Dann, von Sitzung zu Sitzung, verstehe ich einige Worte: welche Freude! An Tagen geringerer Aufmerksamkeit nehme ich nichts wahr: der Nebel. Im Augenblick, da ich endlich jedes Wort verstehe, bin ich übererregt. Das, was ich zu entziffern versuchte, wurde mir entgegengeworfen.

Das Filtrat beschützt mich aber noch. Der Augenblick, in dem nichts mehr ist, ist einfach beängstigend. Ich ertrage es noch drei Sitzungen, daß die Angst am folgenden Tag größer und größer wird. Der Schraubstock zieht sich enger zusammen. Zur Zeit der vierten Sitzung werde ich terrorisiert, weine am Anfang. Am Nachmittag lege ich mich hin, um zu versuchen, mich auszuruhen, aber die Angst lähmt mich. Ich bin wie von der Welt getrennt. Mein Bett ist wie ein Floß, an welches ich mich klammere. Sobald ich aufstehe, versinke ich. Es besteht keine Gedankenverbindung zu anderen, ich wage es sogar, nicht aufzustehen, um meinen Mann oder meinen Arzt anzurufen. Ich fange an zu zittern. Ich wage nicht zu gehen: jeder Schritt führt ins Nichts. Die Sonne scheint durch das offene Fenster: unerträglich, der Schwindel!

Ich muß die Barriere überwinden, die mich vom großen beruhigenden Meer trennt. Hier zu bleiben ist kein Leben. Ich will nicht, ich kann nicht. Am Abend bin ich bei meinem Arzt. Ich schreie ihm meine Beängstigung entgegen.

Ich bin hinausgeworfen, man stößt mich aus einem Tal, ich gelange mit Gewalt ins Leere. Ich kann nicht mehr atmen. Das Schluchzen erstickt mich. Es ist eine unerträgliche Gewalt. Ich bin nackt, ich friere, der Tod umgibt mich, ich klappere mit den Zähnen, habe Krämpfe: das Nichts ... Etwas in mir stößt mich, es kracht. Ich fühle es in meinem Unterleib, in meiner Brust, ich halte den Atem an, dann habe ich das Gefühl, es öffnet sich ...

Kinder sprechen draußen. Ich höre sie, erste Erholung. Ich lächle. Ich denke an die Tonbandaufnahme der Stimme meiner Mutter, sie zögert, stottert, hustet: Das rührt mich. Ich fühle die Gegenwart des Arztes hinter mir. Ich habe Lust zu streicheln, was mich umgibt, das Sofa, die Mauer. Alles ist ruhig. Der Kontakt zur Außenwelt kehrt wieder. Ich setze mich, wende mich um und begrüße spontan meinen Arzt.«

Die physiologische Behandlungsmethode von TOMATIS gibt den Kranken, wie man sieht, die nötige Energie, um »die Barriere zu überwinden« und gibt ihnen die Kraft, die ihnen erlaubt, selbst die stärksten Fixierungen ihrer Neurose aufzuheben, angefangen mit der Geburt. Deren Wirksamkeit im hirnorganischen Bereich ist ohne Zweifel selbst Ursache der Fixierungen.

Die psychotherapeutische Hilfe bleibt bei dieser Arbeit unerläßlich, denn der Mensch muß sich selbst formen, ein wunderbares und fruchtbares Privileg!

Blanche Christine Olschak

Bewußtwerdung unbewußter Inhalte in der fernöstlichen Psychologie

Dr. G. H. Graber hat mich bereits vor zwölf Jahren gebeten über die embryonale Seele und die Traumpsychologie nach fernöstlichen Quellen in seiner Zeitschrift *Der Psychologe* zu referieren. Er hatte schon immer klar erkannt, daß die höhere buddhistische Geistesschulung danach strebt, unbewußte Inhalte bewußt zu machen: »Das Ziel buddhistischen Denkens wird immer wieder in der tantrischen Verbindung der irdischen und geistigen Sphäre beschrieben. Und hier können westliche Psychosomatiker, Psychiater und Psychologen, auch Atompsychologen, im Studium der Lehre Buddhas – die eine Psychologie ist – hinzulernen . . .« Graber erinnert auch daran, daß die ursprüngliche Identifizierung mit unserem Körper, seine libidinöse Besetzung und Gegenbesetzung, die nach Rascovsky bereits vorgeburtlich ihren Ansatz aufweist, im Nirwanaerlebnis aufgehoben wird und zwar durch die erreichte nicht-egozentrische Ichlosigkeit, schwerelos schwebend, wie es sich auch im autogenen Training ereignen kann.

Als charakteristisches Beispiel, wie sehr in der buddhistischen Schulung danach gestrebt wird unbewußte Inhalte bewußt zu machen, können jene Fresken erwähnt werden, die oft rechts und links des Eingangstores zu einem Tempel angebracht sind. Dieser Platz *vor* den Tempeltoren ist symbolisch wichtig, denn *bevor* man in das Haus des Erleuchteten tritt, sollte man sich des Inhaltes dieser Bilder bewußt werden.

Meist links vom Tempeltor fällt zuerst das sogenannte »Lebensrad« auf, das in einer Fülle systematischer Bilder die Grundsätze der Lehre schildert sowie das ganze menschliche Schicksal, daß jedermann durch seine drei Ausdrucksmöglichkeiten des Handelns, Sprechens und Denkens, selbst bestimmt: von der Wiege bis zur Bahre, von der Geburt bis zum Tode, ja von der vorgeburtlichen Seele bis über den Zwischenzustand, – den von

C. G. JUNG so glänzend kommentierten Nachtodzustand – hinaus bis zur nächsten Wiedergeburt in den, im Lebensrad, symbolisch illustrierten Welten. So entsteht aus den unkontrollierten Gefühlen von Unwissenheit, Haß und Gier, genannt *Die drei geistigen Gifte*, die sich immer wiederholende Folge der zwölf Lebensbilder, durch Ursachen und ihre Wirkungen hervorgerufen.

Die Geburtsszene des Lebensrades, meist in der natürlichen Haltung einer relativ schmerzfreien Geburt dargestellt, erinnert uns auch an die indischen Legenden, in denen vorgeburtliche Riten geschildert werden, die zum Alltagsleben einer schwangeren Frau gehören und auf deren Einhaltung der zukünftige Vater nachdrücklich dringt. Sie gelten, wie schon ROTTMANN hervorgehoben hat, keineswegs nur der körperlichen und seelischen Gesundheit der werdenden Mutter, sondern sind gleichzeitig eine Pflege der embryonalen Seele des werdenden Kindes, dessen pränatale Wahrnehmungsfähigkeit – wie auch SIMON betont – schon vor der vollkommenen Ausbildung der Sinneswerkzeuge eingezeugt, ja vorgezeugt existiert. Deswegen soll sich, unterstützt vom richtigen Verhalten der Mutter und der ganzen Umgebung, der Embryo – noch geborgen im mütterlichen Urozean des Fruchtwassers – so glücklich wie möglich entwickeln. Erst heute und dank des Fortschrittes der pränatalen Psychologie beginnt man den tieferen Sinn solch weitgehender vorgeburtlicher Vorsorge zu begreifen.

Das Stichwort »Urozean des Fruchtwassers« lenkt unsere Aufmerksamkeit auf eine weitere Bildfolge, die nicht selten die Wände links und rechts eines Tempeltores schmückt. Auch sie sollte man verstehen, bevor man in das Tempelinnere tritt, um durch Invokation die göttliche Kraft in sich selbst mobilisieren zu können. Diese Bildfolge betrifft die sogenannten *kosmischen Mandalas*, die den Betrachter an das kosmische Überbewußtsein erinnern sollen, d. h. an die gesamte makro- und mikrokosmische Entstehung oder doch wenigstens an die Entstehung der Weltensysteme, von denen betont wird, daß es ihrer unendlich viele gibt und unter denen unsere Erde nur ein winziges Beispiel der Verwandelbarkeit und Vergänglichkeit aller irdischen Phänomene ist! Moderne Astrophysiker fühlen sich seltsam angesprochen von diesen Bildern, die geistiges Vorwissen von Phänomenen verraten, an welche wir uns nur zögernd heranwagen.

Diese alten Bildwerkzeuge sind eine Mahnung, daß nicht nur das ganze vorgeburtliche Schicksal unbewußt auf dem Menschen lastet, sondern – so lehren die alten Texte – die gesamte sogenannte Entwicklung, wie sie sich auch in der makrokosmisch-mikrokosmischen Widerspiegelung der embryonalen Entwicklung wiederholt. Was uns hier klar wird, liegt auch in den Darstellungen uralter geistiger Erkenntnisse verborgen, deren Worte und Bilder in unserer jüngst vergangenen Epoche rein materialistischer Wissenschaften noch nicht verstanden werden konnten und von den Philologen des 19. Jahrhunderts so manches Mal einfach als Spinnereien abgetan wurden.

Diese versunkenen geisteswissenschaftlichen Erkenntnisse betreffen also nicht nur die vorgeburtliche Seele, sondern die gesamte kosmische Entwicklung, wie auch die Unbeständigkeit und Verwandelbarkeit der Materie. Das sind Erkenntnisse – geboren aus der inneren Schau der Erkenntnis der Zwillingseinheit der Gegensätze der absoluten und relativen Wahrheit –, welche sozusagen die vorgeburtliche Weltenseele betreffen. Es sind Texte, die erst jetzt richtig verstanden und übersetzt werden können, und zwar vor allem von den auf diesem Gebiet seit Generationen ihrer Zeit vorauseilenden Psychologen und der Elite der Naturwissenschaftler, die sich echter philo-sophia zuwenden. So betont F. C. S. NORTHROP im Nachwort zu WERNER HEISENBERGS *Physik und Philosophie* (S. 176): »Man kann ihnen (den außereuropäischen Völkern) die Instrumente der modernen Physik nicht geben, ohne früher oder später auch die ihnen eigene philosophische Mentalität einzuführen.« Und HEISENBERG sagt:

»Wir müssen versuchen, sie (die moderne Entwicklung) soweit wie möglich mit den menschlichen Werten zu verbinden, die das Ziel der älteren kulturellen und religiösen Traditionen gewesen ist« (S. 170f.) und außerdem: »Ein charakteristischer Zug des Zusammentreffens zwischen moderner Naturwissenschaft und den älteren traditionellen Denkweisen ist die vollständige Internationalität der modernen Naturwissenschaft« (S. 14).

Man kann und muß dabei, wie auch AMMON hervorhebt, auf fester europäischer Tradition stehen, denn »Die Pythagoreer scheinen zum ersten Male die schöpferische Kraft der mathematischen Formulierung erkannt zu haben« (HEISENBERG, S. 48).

Dies gilt auch dort, wo die Verbindung zwischen Religion und Mathematik liegt. Denn die grundsätzliche Erkenntnis ist immer dieselbe, nur die Darstellungsebene und damit die Darstellungsform ändert sich. HEISENBERG sagt: »Wenn man über die Biologie hinausgeht und die Psychologie in die Diskussion einbezieht, so kann man kaum mehr daran zweifeln, daß die Begriffe der Physik und der Chemie und der Entwicklungslehre zusammen noch nicht ausreichen werden, die psychologischen Tatsachen zu erklären« (S. 84).

Literatur

Das Lebensrad und die kosmischen Mandalas sind abgebildet und erklärt in: B. C. OLSCHAK und TH. WANGYAL: *Mystik und Kunst Alttibets,* Bern: Hallwag 1972.

Die kosmischen Mandalas wurden in West-Bhutan photographiert: B. C. OLSCHAK: *Bhutan-Land der verborgenen Schätze* mit 80 Bildtafeln von A. und U. GANSSER, Bern: Hallwag 1969.

In *Der Psychologe,* Bern, herausgegeben von G. H. GRABER, erschienen von B. C. OLSCHAK »Wiedergeburt und vorgeburtliche Seele«, 8/9, vol. XIII/1961; »Die buddhistische Traumwelt«, 7/8, vol. XII/1960; »Die Heiterkeit der Seele, Motive tibetischer Lebensphilosophie und Psychologie«, 5/6, vol. XII/1961; »Jenseits von Leid«, 5/6, vol. XIV/1964.

Die HEISENBERG-Zitate entstammen: W. HEISENBERG, *Physik und Philosophie,* Frankfurt/M: Ullstein Taschenbücher-Verlag 1959.

Die Autoren

AMMON, Günter, Dr. med.
Begründer und Leiter der Deutschen Akademie für Psychoanalyse (DAP) und der Deutschen Gesellschaft für Gruppenpsychotherapie (DGG), Berlin.

BURGER-PIAGET, Marthe
Psychoanalytikerin, Genf.

GARMA, Angel, Dr. med.
Präsident der Argentinischen Gesellschaft für Psychoanalyse, Buenos Aires.

HAESLER, Walter T., Dr. phil.
Psychologe und Berufsberater, Zürich.

HAU, Elisabeth M., Dipl. Psych.
Jugendberaterin, Freiburg i. Br.

OLSCHAK, Blanche Christine, Dr. rer. pol.
Tibetologin, Zürich.

PEERBOLTE, M. Lietaerd, Dr. med.
Psychoanalytiker, Den Haag.

RASCOVSKY, Arnaldo, Dr. med.
Gründer und Leiter der Weltorganisation »Filium«, Buenos Aires.

ROTTMANN, Gerhard, cand. phil.
Psychologe, Salzburg.

SIMON, Walther, Dr. med.
Professor für klinische Psychologie an der Universität Salzburg, München.

SARKISSOFF, Jean, Dr. med.
Psychoanalytiker, Genf.

Namenregister

Sachregister

7-1-10-6-4